電波社

必ずうまくなる!!

水泳

基本と練習法

はじめに

スイミングスクールに通えば、

たとえば「水なれ」→「けのび」→「バタ足」→「クロール」の順に習得させてくれます。

しかし順調に上達していく人は、まずいません。

必ずどこかで滞ってしまうものです。

その原因は、ある部分をきちんと習っていなかったり（教えてくれなかったり）、

習ったけど忘れてしまったり、実は身についていなかったということもあります。

水泳は全身が連動した動きなので、どこかが抜け落ちているとパタリと上達が止まります。

この本では、そんな停滞を解消できるかもしれない、

「どうしたらいいの？」

「どう教えたらいいの？」

という疑問への解決方法をわかりやすく説明しています。

これらの 52 個の疑問は、スイミングスクールを運営する毎日の中で、子どもたちや保護者、そしてコーチたちからも寄せられる代表的なものばかりです。

「泳ぐ」とは身体を水面に「浮かせ」「動かし」「呼吸する」ことの連続です。
その身体の仕組みや動作を理解し、上手に「取り扱う」ことで、
水泳はラクに美しく、もしかすると速く泳げるようになります。

泳げない人は最初のページから。
泳げる人は途中のページから。

どこからでも好きなところからページを開いてみてください。
「トリセツ」なので、そこに答えがあるはずです。

著者＆イラスト：不破 央

第 3 章　背泳ぎのトリセツ ……………………………………54

第 4 章　平泳ぎのトリセツ ……………………………………74

本書の見方

Q4 どうやって水をかくの？
見えないから動きがわかりません

A 肩の横の水中をかきましょう

魔法の言葉

「バンザーイ、からのＴ！
からの気をつけ！」

背中ではなく
横を意識する

クロールは自分の身体の真下を
かきます。背泳ぎはその逆だか
ら、背中側をかけばよい！　と
いうのは間違い。これは肩の関
節にとって無理な方向に腕を伸
ばすことになり、沈んだり進ま
なかったりする原因になりま
す。ポイントは、肩の横をかく
こと。そうすると身体は水面近
くで浮いたままの状態で水をか
くことができ、たくさん進む泳
ぎにつながります。

 チェックして
みよう！

NG

Check! 1

背中側はかかない

写真のように肩が背中側にいっ
てしまうと、沈むだけではなく
肩も痛めてしまう可能性も出て
きてしまいます。下ではなく、
横をかく。この意識を持つこと
が背泳ぎではとても大切です。

やってみよう！

Let's Try! 1 両手背泳ぎで横をかく

気をつけキックからスタートして、両手を同時に前に持っていってバンザイの状態にします。
そこから肩の真横をかいて気をつけの姿勢に戻ります。この両手背泳ぎドリルをやると、肩の
横をかく動きが覚えられます。

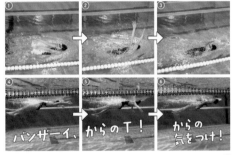

バンザーイ、からのＴ！　からの
気をつけ！

62　63

トゥリトネスのコーチたちが普段
のスクールで実践している指導内
容をもとに集めた疑問と解決方法
をわかりやすく説明します。

魔法の言葉

子どもたちに伝えるときに、一言
でわかりやすく伝えることができ
る「魔法の言葉」。この言葉で、子
どもたちのやる気が変わります。

Check! 1
チェックしてみよう！

泳ぎ方で気をつけたい部分を紹介します。

Let's Try! 1
やってみよう！

泳ぎ方を身につけるための練習法
を紹介します。

NG

よくやってしまう悪い
例を紹介します。

第1章
水泳の基本のトリセツ

Q1 怖がらないように顔を水につけるには？

A 目、鼻、口から遠い場所を ぬらしていきましょう

魔法の言葉

「顔は洗える？　じゃあ絶対に泳げるよ」

いきなり水面につけるのではなくペットボトルを使って慣れさせる

　水中への顔つけに挑戦するとき、水面にそっと顔を近づけても、水面は波があるためプールはそっとしてくれません。だから、顔つけしようとした人からしてみれば、急に顔に水がかかったように感じられるでしょう。

　いきなり顔全体を水につける必要はありません。まずはペットボトルで後頭部に水をたらしたり、耳やほっぺたに水をたらしたりすることで、水で顔がぬれることに少しずつ慣らしていきましょう。

やってみよう！

Let's Try! 1

後頭部から水をかけよう

最初は顔を正面に向けたまま、後頭部にペットボトルなどから水を少しずつたらしましょう。頭のうしろから首にかけて、水が流れるようにしてあげるのがポイントです。徐々に水の勢いを強くしていくのも良いと思います。

Let's Try! 2

耳とほっぺたに
水をかけよう

次は耳やほっぺたに少しずつ、細く水をたらしてみましょう。このとき、目をつぶらず、しっかりと目を開けておくことも大切なポイント。あせらず、少しずつ水にぬれる感覚に慣れていきましょう。

Let's Try! 3

徐々に水面にふれる
顔の面積を増やそう

顔がぬれることに慣れてきたら、今度は顔を水面に近づけていきます。最初はあご、口、ほっぺた、耳……というように、徐々に顔を水面につける面積を増やしていきます。これならお風呂でも練習できます。

11

Q2 鼻に水が入らないようにするには？

A 口をしっかり閉じて、
鼻からあぶくが出るのを知りましょう

「にらめっこしよう!」
「自分でどこまで沈めるかな?」

あぶくの出し方を覚えるだけで鼻から水は入らなくなる

鼻から水が入る理由は簡単で、鼻からあぶく（空気）を出していないから。まずは意識的に鼻から息を吐く、ということを教えてあげることが大切なポイントです。

最初は口をしっかり閉じてから短く「んっ」と声に出してみます。このとき、口に力を入れて、鼻の両脇に力を入れて声を出してみましょう。この形を目の前でやってあげると、顔の表情が変化するので、まるでにらめっこをしているような遊び感覚で練習ができるのです。

やってみよう！

Let's Try! 1

「んっ」と短く声を出す

口をしっかり閉じて、小さく、短く「んっ」と声を出すと、鼻から息を出す感覚がつかみやすくなります。これをやると、顔がまるでにらめっこをしているような感じになるので、友達と向かい合ってやってみましょう。

Let's Try! 2

ゴーグルを使ってあぶくを出す

次は、ゴーグルの中に水を溜めて、そこに鼻の穴をつけて「んっ」と声を出してあぶくを出してみましょう。慣れてきたら、「んっ」から、「ん〜〜〜」とあぶくを出す時間を長くすると良いですよ。

Let's Try! 3

水面に鼻をつけてやってみよう

慣れてきたら、正面を向いたまま口と鼻だけをプールにつけてやってみましょう。いきなり顔全体に水をつけると、反射的に水を吸い込んでしまうことがありますので注意してください。ゆっくり、ゆっくりがコツです。

Q3 なかなかもぐれませんし、もぐると水を飲んでしまいます

A 無理してもぐるのではなく、口から息を吸う練習をしましょう

魔法の言葉

「もぐれなくても大丈夫。 海の底を
見に行きたくなるまではね」

もぐるよりも大切なのは口から空気を吸う練習

水に慣れている段階で「もぐる」必要はまったくありません。もぐるのは、まだまだ先の話でOK！ 実は、それよりも大事なことがあります。それは「空気を吸うこと」。そして、このときに一緒に水も吸い込んでしまう誤飲が起きることがあります。誤飲は競泳選手でさえ、たまに起こしてしまうんです。それを防ぐためには、確実に水面に口が出てから「んぱっ」と破裂的に強く口を開けて、空気だけを吸い込む練習をしていきましょう。

やってみよう！

Let's Try! 1　目は水面に出したままやるバブリング

正面姿勢のままで、少しだけ上下動しながら水中（もしくは水面）で口や鼻から「ん〜〜〜」とあぶくを出してから、口を水面に出してから「んぱっ」と空気を吸い込みます。顔は完全に沈めるのではなく、口と鼻だけが水につかっていればOKです。

Let's Try! 2　しっかりもぐっておこなうボビング

身体を沈めておこなうのがボビングです。一度軽くジャンプしてからしゃがむと、一気に沈むことができます。沈んだら、バブリングと同じように鼻から「ん〜」とあぶくを出し、床を力強く蹴って水面に顔が全部出てから「んぱっ」と空気を吸いましょう。

少しもぐれるようになりました。
もっと泳げるようになるための
水慣れの方法を教えてください

A　ボビングをたくさんやってみよう

魔法の言葉

「大丈夫、すぐ近くにいるよ」

ボビングに変化を つけてたくさん こなしてみよう

　呼吸を覚えつつ、水慣れをしていくための練習法として前に紹介したボビング。単に沈んで浮かぶ、というだけではなく、ボビングはいろんな種類のやり方があります。さまざまな体勢や状態でおこなうボビングをやることで、どんどん水慣れが進んでいくだけではなく、水中にもぐることもどんどん怖くなくなっていきます。ぜひチャレンジしてみてください。

やってみよう！

 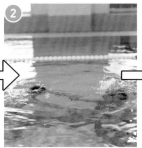  

Let's Try! 1

前向き
ジャンプボビング

保護者（補助者）と手をつなぎ、脚を曲げて頭が沈んだらその場でジャンプして飛び出し「んぱっ」と息を吸います。慣れてきたら連続でチャレンジして、さらに慣れたら手をつながずにやってみましょう。

 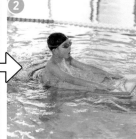 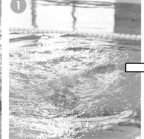 

Let's Try! 2

ビート板ありなし
ジャンプボビング

ビート板に手を置いてジャンプボビングをやってみましょう。慣れたらビート板なしでもやってみます。手は水面に置いたままでバンザイの状態から、両手で水を下に押しながらジャンプ。水をかく感覚も覚えられますよ。

Let's Try! 3

水中ちょうちょ

脚を前に投げ出し、バンザイをしながら沈んだら、腕を伸ばしたままちょうちょが羽ばたくようにして水をかき、頭を水面に出してボビングします。手の平を下に向けて、大きく羽ばたくように腕を使うのがコツです。

Q5 ビート板キックが進みません

A あごからつま先まで、水面にはりつくように身体を伸ばし、ゆっくり、いろいろ、やってみよう

ビート板キックは、まっすぐな姿勢を作り、細かく小さく、足先をリラックスさせて打つことで進むキックができます。進まないキック、というのは、その逆の動きになってしまっているということです。

そうなってしまう原因は、主に6つあります。でも大丈夫です。解決法は必ずあります。この6つの原因にも一つひとつ、きちんと解決法がありますので、ぜひ取り組んでみてください。

あごは水面につける

Check! 1

あごが水面から離れていませんか？

頭が水面から高く離れてしまうと、重さで下半身が沈みます。あごと肩の高さを揃え、水面につけるようにしましょう。

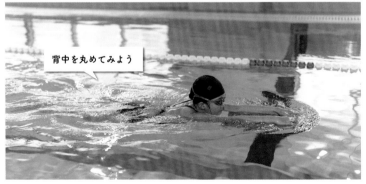

背中を丸めてみよう

Check! 2

背中が反っていませんか？

もし顔や胸が前方を向いて背中が反っているなら、少しお腹を引っ込めるように意識して、背中を丸めてみましょう。

お尻から遠くでキックを打つ

Check! 3

カカトがお尻の上に
ありませんか？

お尻から一番遠い位置で脚の上下動をさせる意識を持ってみてください。ヒザの曲げ伸ばしが減って進むキックになります。

キックを細かくしよう

Check! 4

キックの幅が
大きすぎませんか？

上下の幅が大きいと頭が左右に振れてしまいます。自分の足の大きさぶんくらいの幅で、細かく、素早く動かしましょう。

足の甲でキックする

Check! 5

つま先に力が入り
下を向いていませんか？

足首に力が入ってつま先が下を向くと進みません。足首をリラックスさせると足の甲に水が当たるようになりますよ。

脚の付け根から上下動させる

Check! 6

ヒザから下だけでバタ足を
していませんか？

脚を伸ばし、脚の付け根から上下動させる意識を持つと、お尻もまっすぐになってキレイで進むキックができます。

Q6 もっと進むバタ足の練習方法を教えて

A 2つのコツと5つの練習で進むようになる

もっと速く進めるキックができるようになる7つのポイントを紹介します。2つのコツと、5つの練習方法です。

コツは「足でハの字を作る」と「水しぶきではなく泡を立てる」こと。

練習法は、うつ伏せキック、壁キック、伏し浮きキック、顔つけビート板キック、そして短距離競争です。

まずはコツから練習してよいキックの打ち方を覚えて、そのあとに5つの練習方法を継続しておこなっていくことで、進むバタ足ができるようになります。

2つのコツを覚える

両足の甲で上から見てハの字（親指同士がふれ合い、かかとが離れた状態）を作りましょう。そして、足は水の中で動かし、足の甲で水を感じながらおこなうと進むキックになります。足首はリラックスさせてください。

Check! 1 足で八の字を作る

Check! 2 水しぶきではなく泡を立てる

5 つの方法で練習してみよう

うつ伏せキックでは、お尻から一番遠い位置で足首をリラックスさせながらゆっくり脚全体を上下動させる感覚を作ります。次は壁キックで、身体を支えながら「ドドドド」と水中で低く鳴り響く音が出るようなキックを目指してください。ビート板を使わない伏し浮きキックは、腕を水中にだらりとさせ、あごを引いて首の後ろを伸ばし、まっすぐな姿勢でおこないましょう。顔つけビート板キックも伏し浮きキックと同様、姿勢を水平にして練習してください。そして、5m や 10m などの短い距離で競走する短距離競争は、お友達と楽しく遊びながら、正しい姿勢と適度な幅と強さでキックする練習になりますよ。

Let's Try! 1　うつ伏せキック

ゆっくり脚全体を上下動

Let's Try! 2　壁キック

ドドドド

Let's Try! 3　伏し浮きキック

腕を水中に
あごを引く

Let's Try! 4　顔つけビート板キック

姿勢を水平に

Let's Try! 5　短距離競争

よ～いドン！

Q7 身体が浮きません

A 大きく息を吸い込み、口を閉じて息を止めてみましょう

「浮き輪のように、身体に空気を入れて穴をふさごう」

身体に空気をいれておけば自然と浮かんでくる

純粋な「浮力」は、それ自体が水より軽いことで生まれます。身体で言えば、肺の中にある空気や体脂肪が浮力の元。なので、肺にいっぱいの空気を吸ってから息を止めた状態で、身体の力を抜いてみると、浮力によって上半身が浮く感覚がわかりますよ。反対に、息を吐ききって浮力をなくすと身体は沈んでいきます。この感覚も体感しておくと、浮力がわかりやすくなるのでやってみてくださいね。

息をたくさん吸って止めると浮き、一気に吐くと沈みます。
浮力がよくわかる練習法なので、一度試してくださいね

Q8 まだ沈んでしまいます！

A 身体のすべてを水中に隠しましょう

ふー

魔法の言葉

「ふー」
（水上に出ている部分に息を吹きかけてあげることで、
風を感じて水面から出ていることに気づかせる）

OK

NG

頭や手が水上に出ていないかチェックしよう。
出ていたら、そこを水中にしまえば浮いてきます

水中に身体をしまう ことで身体を浮かせる ことができる

　水上から出ている部分が多いと、人の身体は沈みやすくなります。実は身体は水の中にあるから浮くことができるんです。指先やお尻、頭が必要以上に水面から出ていたら、保護者（補助者）はそこに「ふー」っと息を吹きかけてあげてください。そうすると自分の身体の、どの部分が水上に出ているかがわかりやすくなります。そして、出ている部分がわかったら、そこを水中に沈めてしまいましょう。すると身体は自然と浮いてきますよ。

A 立ち止まり方を
身につけるのがオススメです

魔法の言葉

「泳ぐより、すぐに
立ち止まれることの方が大事だよ」

安全に立ち止まれるようになればもっと楽しく練習できる

　もっと楽しく、安全に泳ぐ練習をするのであれば、ぜひ安全に立ち止まる方法を身につけてください。プールのなかで立ち止まるときに大切なのは、身体を動かす順番。陸上で立つときは上半身から動かしますが、水中では脚から動かして立つのです。きちんと立てたことを確認してから、顔を水上に出して息を吸う。これを練習しておくと、今後のさまざまなトレーニングを落ち着いて反復することができますよ。

①浮いた状態から、②ゆっくりとヒザをお腹に引き寄せてから、③目で確認しながら両足を床につけます。④そこからゆっくりと上半身を起こして立つ。立つ練習も、とても大事な練習のひとつです

Q10 ビート板の正しい使い方がわかりません

A ビート板の遠くを持ちましょう

魔法の言葉

「ビート板を立てずに平らにしてみよう」

ビート板の先を握る

ビート板に手を乗せる

NG

NG

ビート板の先を持つときも手を乗せる方法のときも、大切なのはヒジを伸ばして腕を乗せることです

ふたつの持ち方を使い分けてビート板を使いこなそう

バタ足練習するときのビート板の持ち方は2種類あります。ひとつは、ビート板の先を握る持ち方。もうひとつは、ビート板に手を乗せる方法です。ひとつ目の持ち方は身体が安定しやすいので、初心者向けの持ち方。ふたつ目は下半身が浮きやすく、泳いでいるときに近い姿勢でキックの練習ができるので、トレーニング向きの持ち方です。

上半身をビート板に乗り上げるように持ったり、ヒジを落として（曲げて）握ってたりすると泳ぎにくくなって進みませんので気をつけて。

25

A　背中に力が入らない、ラクな姿勢を作りましょう

魔法の言葉

「けのびは、幽霊がやる気のない
バンザイをしているように」

ストリームラインとは違うけのびはラクな姿勢を作る

抵抗の少ない姿勢であるストリームラインは、初心者がやり続けるには非常に難しいテクニックです。けのびはラクな姿勢を作ることなので、まずはこちらをマスターしましょう。イメージとしては、やる気のないバンザイ。手首の力を抜き、腕は耳の前（または頬の横）に置いて目線は下。腕は少し沈み、頭、肩、腰までは一直線で、脚は少し沈んでいてもOK。力が入るのはお腹とヒザを閉じるための内股だけです。特に上半身はリラックスしましょう。

幽霊がやる気のないバンザイをするようなイメージを持つと、正しいけのび姿勢になりますよ

Q12　そのほかに覚えておきたいことはありますか？

A　手のひらを平らにすることと 顔にあったゴーグルを選ぶこと

OK

手のひらは水をかくときの大事なポイントになるので覚えておきましょう

NG

このような手の形はダメです

ゴーグルはできたら試着して、水が入らないことを第一に考えて選んでくださいね

　ぜひ最初に覚えてほしいことが2つあります。

　ひとつは手の形。ポイントは5本指が揃っていて、手のひらがまっすぐで平らであることです。すべての指の根元をくっつけるようにすると平らな手のひらになります。

　もうひとつは、顔にあったゴーグルを選んでほしい、ということです。泳げる人でも、水が入ってこないものを選んでいます。大切なのはデザインや値段よりも、まずは自分の顔にフィットするかどうかです。

27

第2章
クロールのトリセツ

Q1 クロールはどこから練習したらいいの？

A 腕のかき「ストローク」と身体の回転「ローリング」を陸上でやってみましょう

魔法の言葉

 テーブルの奥にある「しょうゆ」を取るように腕を伸ばそう

思い通りに身体を動かせる陸上を使おう

クロールの腕のかき（ストローク）と身体の回転（ローリング）は、まず最初に陸上で動きを確認してみましょう。

陸上なら、腕の動きをゆっくりにしても沈むことはありません。ゆっくり落ち着いて、腕の動作に集中しつつ、水中で泳いでいるイメージをしながらおこなってくださいね。

やってみよう！

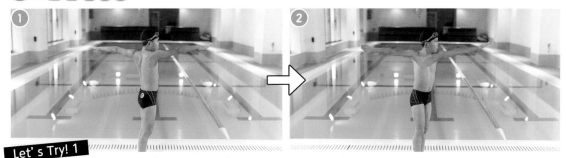

Let's Try! 1

腕を前後に振る

腕を大きく前後に振りましょう。最初は小さく振り、徐々に大きくしていきます。腕を前後に振るたびに、身体が横を向くことを確認しましょう。身体は後ろに振った腕の側に向きます。顔は正面を向いたままでおこないましょう。

Let's Try! 2

振る動作を感覚のまま片腕を回す

両腕を前後に振っている状態から片腕を身体の正面で止めて、もう片方の腕を背中側から大きく腕を回しましょう。胸の前で手を止めるとき、②テーブルの奥にある「しょうゆ」を取るようなイメージで肩から腕を前に突き出してみましょう。

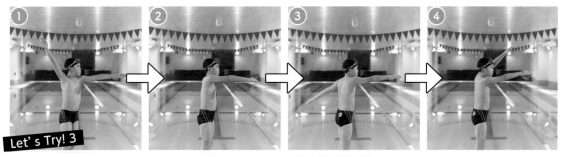

Let's Try! 3

左右交互に腕を回す

Let's Try! 2までできたら、その動きを左右交互におこなってみましょう。これでもうクロールの腕の動き（ストローク）と身体の回転（ローリング）ができました。手のひらは前に紹介した正しい形を作っておきましょう。

Q2　腕を回しても進んでいる感じがしません

A　水中での手のかきかたに問題がありそうです

魔 法 の 言 葉

自分の腕を
一枚のかたい板にしてみよう

水を手でかけない原因を見つけましょう

　腕をどれだけ回しても、手の使い方が間違っていると水を手でとらえられず、前には進みません。手のひらの形や腕の形をチェックしてみましょう。ポイントは5つ。まずはすべての指を揃えて手が平らになっているかを確認しましょう。そのあとで手のひらがどこを向いているか、手の位置が身体から見てどのあたりにあるのか、ヒジの角度などをチェックしましょう。一つずつ解決していくと、水がかけるストロークができるようになりますよ。

チェックしてみよう！

Check! 1

手のひらはつねに
足のほうを向ける

よくあるのは、かきの中盤で手首が回転し始めて横を向き、かき終わりの場面で手のひらが前に向いてしまうこと。手のひらをまっすぐうしろに向けて水を押すことで進む力に変わります。

Check! 2

親指のツメが見える
くらいヒジを曲げる

自分の目で見て、手の位置が身体から遠かったり近すぎたりすると進みません。一度手を身体の正面で腕を伸ばした状態から、親指のツメが見えてくるまで徐々にヒジを曲げてみてください。その位置が腕に力を入れやすいヒジの角度です。

NG

Check! 3

ヒジは外側に向けてかく

ヒジが手よりも脚の方に向いてしまうと、手のひらを脚の方に向けていても水をとらえられません。ヒジは外側に向け、伸ばしながらうしろに水をかきましょう。犬かきのような動きは手のひらの小さな面積でしか水を押せないので進みません。

Check! 4

前腕と手のひらで
一枚の板を作る

前腕と手のひらの部分にビート板を当ててみましょう。このように、指先から前腕までの部分を一枚の板のようにイメージすると、たくさんの水をとらえられるかき方ができるようになりますよ。

Check! 5

最後まで
かきましょう

具体的に「最後までかく」というのは、ヒジが伸びきるまでのこと。気をつけで立ち、親指の当たる位置が腕を伸ばしきって手が到達する場所です。ここまで手のひらで水を押す、と覚えておきましょう。

Q3 もう少しキレイに泳ぎたいです

A 水しぶきを立てないように やさしい手の入水をしましょう

「手が入る場所に、子猫がいるよ」

指先からていねいに 入水しバシャっと 音を立てないように

　短距離を泳ぐクロールの選手たちの泳ぎは、確かに激しく水しぶきが立つ泳ぎをしています。でも、入水する瞬間はとても繊細（せんさい）におこない、やさしく確実に水をとらえられるような入水動作をしています。見た目は水面を叩いているように見えますが、そんなことはありません。キレイに泳ぐためにも、進むクロールをするためにも、入水は丁寧にやさしくおこなうのが大事なポイントです。

34

やってみよう！

Let's Try! 1　水面を叩くと手のひらの力が抜ける

水面を叩く意識を持つと、手のひらの力が抜けて水がとらえられなくなります。
もちろんムダな水しぶきが立ってしまい、きれいでもないのですぐにやめましょう。

Let's Try! 2　そっと入水して泡をつかまない

そっとやさしく入水して泡を手にくっつけなければ、水をとらえられるよい泳ぎができます。
手を入水するところに子猫がいて、その子猫の頭にやさしく手を乗せるくらいの気持ちでそっと入水しましょう。

Q4 横向きの息継ぎを習得したい

A 簡単な状況でできる壁呼吸からはじめて、サイドキック呼吸までやってみましょう

魔法の言葉

「水泳の練習の中で、これが一番難しいんだよ」
（難しそうに見えるが、実は意外と簡単にできるので自信がつく）

最初に顔の動かし方を覚えよう

腕を使わず、身体を使って呼吸動作を覚える練習をやってみましょう。呼吸動作と聞くと難しいように聞こえますが、実は意外と簡単にできるものです。まずは壁に手をついた状態で、顔の上げ方を覚えます。ここで見える景色や、顔がどのくらい水につかっているかを覚えておきましょう。そのあとに、片手を前に伸ばした状態でおこなうサイドキック呼吸という練習法を使えば、進みながら呼吸する感覚がつかめますよ。

やってみよう！

Let' s Try! 1

立った状態で
おこなう壁呼吸

片方の手をプールサイドに乗せ、もう片方の腕は体側につけます。その状態で真下を向いて顔をつけた状態から、真横を向きましょう。頭を起こしたり前を向いたりしないように気をつけましょう。

Let' s Try! 2

繰り返し壁呼吸を
練習しよう

息を吐いて、顔を横に向けて息を吸ったら、また戻す。これをゆっくり繰り返しましょう。ポイントは顔を横に向ける前にしっかり息を吐くこと。息は吐かないと吸えませんよ。また、片方の耳は水中に沈めたままでおこないましょう。

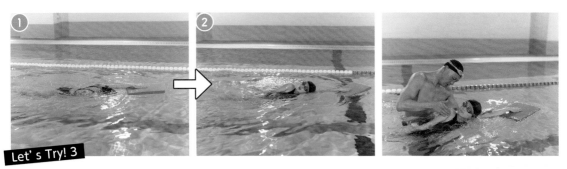

Let' s Try! 3

サイドキック呼吸
をやってみよう

片方の手でビート板を持ち、もう片方の腕を体側に添えてキックしながら呼吸してみましょう。泳いでいる人の背中側からヒジを下から支え、顔を上げるタイミングで肩を持ってあげると動きがわかりやすくなります。

Q5 息継ぎのタイミングがわかりません

A 顔を上げ始めるときと手のかき始めの タイミングを合わせましょう

手と頭のどちらも 動き始めを合わせる

息継ぎをするタイミングは、手をかき始めるときです。ストロークの最初と頭を動かし始めるときのタイミングを合わせると、とてもスムーズに泳ぐことができます。まずはサイドキック呼吸に片手ストロークを合わせて練習してみましょう。呼吸をしたあとに顔を戻すときは、前を見ないように気をつけて。戻すタイミングも、腕を前に戻すリカバリー動作に合わせておこなうと、スムーズにできます。

やってみよう！

Let's Try! 1 サイドキック呼吸
プラス片手ストローク

手をかき始めるときと顔を上げ始めるところを合わせることに集中しておこないましょう。戻すときも、腕の動きに合わせるとスムーズにおこなえます。無理に泳ぎ続けようとせず、最初は2、3ストロークやったら立ち止まる、くらいのつもりでやってみてください。

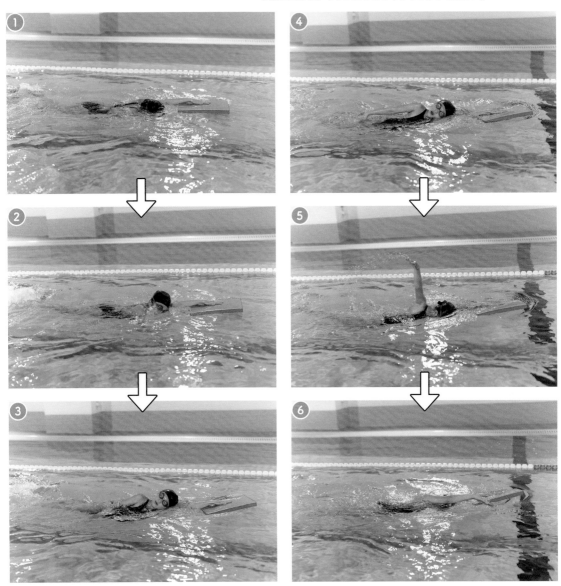

Q6 息継ぎをするとひっくり返ってしまいます

A どこまでひっくり返れるかな？じゃあ次はその半分で

魔法の言葉

「泳ぎながら、ひっくり返れるなんて、とても難しいこと。半分の大きさにしたらラクになれるよ」

原因は5つ考えられます

軸腕の形や目線の位置によって身体が回転（ローリング）しすぎると、呼吸時にひっくり返ってしまいます。まずは考えられる原因の5つの中から当てはまるものを探ってみましょう。

チェックしてみよう！

OK

NG

Check! 1

手のひらを下に向ける

手のひらを上に向けると、ヒジが下を向き、胸が上に向きやすくなります。手のひらを下に向けると身体が回転しすぎません。

チェックしてみよう！

①

② 手を途中で抜き出さない

③

Check! 2

手を途中で
抜き出さない

フィニッシュ動作で最後まで水を押し切らず、脇腹あたりで腕を抜くとヒジが背中側にいきやすくなり、回転し過ぎてひっくり返りやすくなります。水は最後まで押すことで、良いローリングもできるようになるのです。

OK
前に伸ばしている手はまっすぐ

NG

前に伸ばしている手が内側に流れている

Check! 3

前に伸ばしている腕はまっすぐ前へ

呼吸時、前に伸ばしている手が内側に入りすぎたり外側にいきすぎたりしていると、これも身体のバランスが崩れ、ひっくり返りやすくなります。正面から見て、まっすぐに手が伸びているかチェックしてみましょう。

OK
目線は下に向けよう

NG

Check! 4

リカバリーの腕が見えるようにする

腕が見えるリカバリーの方が身体がラクなことに気がつきます。

Check! 5

目線はどこを向いていますか？

目線が上（天井）を向いてしまうと、これも身体が回転しすぎる原因になります。それを抑えるには、目線は下に向けること。人は目の方向に顔と身体が動きますので、目線のコントロールはとても大切なんですよ。

Q7 息継ぎで顔が出ず呼吸ができません

A 原因は8つ考えられます

魔法の言葉

「焼き鳥のように串ごと回して」

身体ごと動かしましょう

呼吸するとき、頭を動かし始めるタイミングも大事です。前に説明したように、「Check! 1: 手のかき始めと頭の動かし始めを合わせると良いでしょう（①〜②）」。「Check! 2: また息継ぎのときの姿勢が安定していることも、顔がしっかり水面に出て呼吸できるポイントになります（③）」。この2つのほかに、顔が出ない原因はあとおおよそ6つ考えられます。それぞれ原因と解決法を紹介しますので、自分の泳ぎがどれに当てはまっているかをチェックしてみてください。

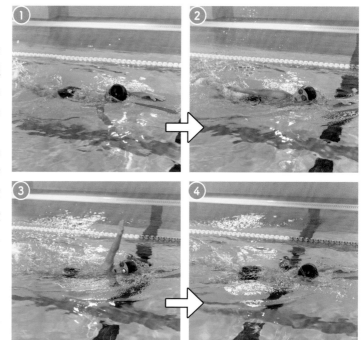

チェックしてみよう！

Check! 3　息を止めすぎていませんか

息継ぎの直前まで息を止めていると、呼吸できない原因になります。顔が水中にあるときに息は吐いてしまいましょう。

Check! 4　動作がゆっくりすぎませんか

あわてる必要はありませんが、腕が1周するのにだいたい1〜2秒。この間で息継ぎすると身体が沈む前に動作を終えられます。

Check! 5　身体ごと回転させる

顔だけ水面に出そうとしても息継ぎできません。身体を回転させて横を向くようにすると、顔が出やすくなります。

Check! 6　指先が水面から出ていませんか

肩から指先までで、なだらかな下り坂を作りましょう。重心が前に移動して身体が安定して浮きやすくなります。

Check! 7　頭が立ち上がっていませんか

息継ぎで前を見たり頭が立ってしまうと身体が沈んで顔が出ません。頭は倒して横を向くようにするのが大事なコツです。

Check! 8　しっかり水をかききっていますか

手のかきによる推進力がないと息継ぎで沈みやすくなります。途中で手を抜かず、最後までしっかりかききりましょう。

Q8 クロールの息継ぎが上達する練習方法を教えてください

A 自分に合った練習法を見つけて、繰り返し練習してみましょう

魔法の言葉

「うまくいったことをたくさん、くり返そう」

4つの練習法を試してみよう

練習法にもそれぞれ難易度があります。自分の泳力に合った練習方法を見つけて、繰り返し練習するのが上達へのいちばんの近道です。そこで4つ練習法を紹介するので、ぜひ試してみてくださいね。ひとつ目は、板つきクロール。ビート板を持ったままクロールをするので身体が沈まず安定します。安心して修正点を反復練習できますので、まずはこれからチャレンジしてみるとよいでしょう。両手が難しければ、片手から始めてもOKです。

Let's Try! 1 板つきクロール　　**難易度★☆☆**

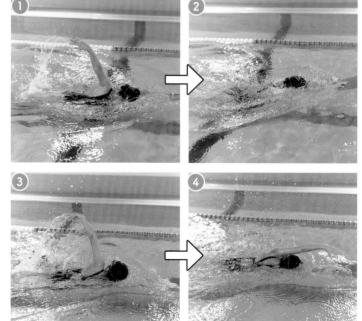

44

やってみよう！

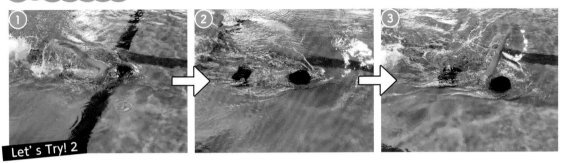

Let's Try! 2

キャッチアップクロール
難易度★★☆

ストロークの度に前で手を合わせて、キックで身体を安定させてから息継ぎを確実にお
こなう練習法です。写真のまん中の状態で一度止まれば、あわてず、落ち着いて次の動
作に移れますよ。

Let's Try! 3

反対片手クロール
難易度★★★

息継ぎ側の腕は体側に置き（気をつけの姿勢）、反対の腕だけで片手クロールをします。
手の入水と同時に上半身をひねり、気をつけ側に顔を上げて呼吸します。腕のかきに頼
らず、身体をうまく使えば呼吸ができることがわかるドリルです。

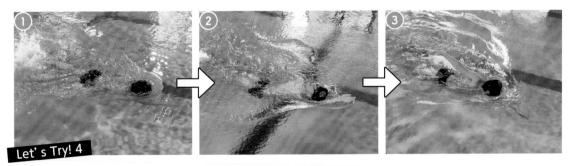

Let's Try! 4

背泳ぎクロール
難易度★★★

息継ぎのタイミングであえて天井を見て、背泳ぎの姿勢になってから、また戻るドリル
です。前方に伸ばしている腕のヒジが曲がらず、まっすぐ伸ばせているか、またローリ
ングができているかが確認できる練習法です。

Q9 どんなにキックしても進みません

A キックを頑張りすぎです。キックをしない努力をしてみましょう

「元気で強いキック？
競泳選手になるまで必要ないよ」

キックは身体の
バランスをとるもの

キックはたくさん打つと、すぐに疲れてしまいます。確かに水泳選手のように速く泳ぐためにはキックを頑張る必要がありますが、実はクロールは手のかきでたくさん推進力が得られますから、ゆっくり気持ちよく泳ぐときはキックは必要ありません。凧のしっぽのようにキックは身体のバランスをとったり、脚を水面近くに浮かせたりするもの、と考えるとよいでしょう。腕のかきをうまく使って進むことができるクロールを習得していきましょう。

やってみよう！

つま先立ちクロール

プールの底につま先を引きずりながら泳いでみましょう。キックをしなくても意外と進むことに気がつくと思います。それと同時に、脚は軽く動かしたほうが身体を捻りやすいことも、この練習で気づけると思います。

脚をからめて泳ぐ

息継ぎをする側の脚を前にして、脚をクロスするようにしてからめて泳いでみましょう。次に反対にクロスして泳いでみると、呼吸時にバランスを崩しやすくなります。たくさんキックを打つと、このようにバランスを崩してしまうキックも打っていることに気づけます。

上半身の動きに任せる

ここまでで、脚はリラックスしていてもクロールは泳げることに気づけたと思います。上半身の動きに任せて、脚が勝手に動く、くらいで泳ぐと柔らかい、水しぶきが上がりすぎない良いキックでキレイに泳げるようになりますよ。

Q10 25m 泳いだだけで疲れます。もっとラクに泳げませんか？

A 疲れる原因は5つあります。確認してみましょう

魔法の言葉

「プールの底を見て」
「いつの間にかゴールしているから」

ムダな動きが多いと疲れやすい

考えられる、疲れるクロールになる原因は5つ。「Check! 1：息を止めすぎていること」。息を吐かないと息は吸えませんからどんどん苦しくなっていきます。息継ぎの前に息はしっかり吐きましょう。「Check! 2：反対に、息継ぎの回数が多いのも疲れやすい原因」です。その場合は、1、2、3と3回ストロークをしてから、4で呼吸する、という4ストロークに1回呼吸という練習法をやってみると、ラクに泳げるようになることがありますよ。

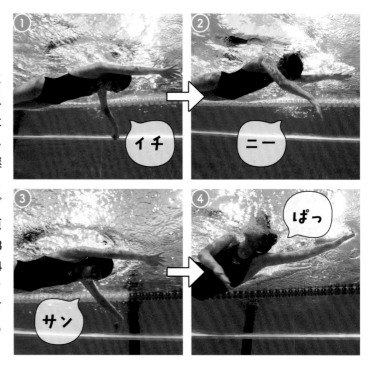

チェックしてみよう！

NG

Check! 3

水をかく位置は
正しいですか

水は、身体の真下でかくとたくさん進めます。水をかく位置が中心に対して内側すぎたり外側すぎたりするとムダが多くなり疲れます。呼吸をしないクロールで、手の位置を確認しながら泳ぐと真下をかけるようになりますよ。

NG

Check! 4

手が水面から
出ていませんか

最後まで水を押しきると、伸びのあるストロークになって楽に泳げます。一方で写真のように手が水面から出ると沈みやすくなります。やさしく、最後までしっかり水を押し切って「ぐぃーん」と伸びるように泳いでみましょう。

Check! 5

キックは頑張らない

キックは頑張らず、ストロークの動きに合わせて自然と動くくらいの気持ちで泳ぐほうがラクに泳げます。また、水を叩くと泡ばかりつかんで進みません。キックは自然と動くくらいの気持ちを持ちつつ、やさしく入水して泡をつかまないようにするとラクに泳げますよ。

こうなればクロールは OK ！

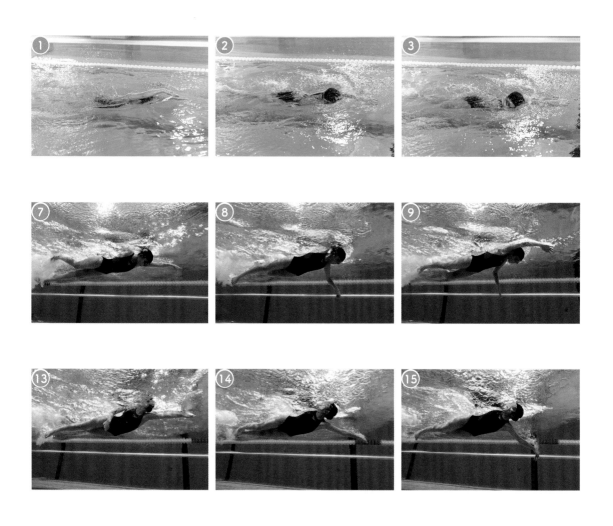

チェックしてみよう！

10 個の Q を解決していくと、ラクにキレイに、たくさん泳げるクロールになります。自分の泳ぎと写真のお手本のクロールを見比べて、何が違うのか、どう違うのかをチェックしてみましょう。よい動作を観察することはとても大切です。ぜひよいお手本を頭でイメージしながら練習してみてください。

COLUMN01

泳ぎにセンスはありません

　ほかのスイミングスクールに通っている方から、『ずっとバタ足から進級できずにいます。センスがないのですか？』という質問がありました。

　スクールによって、進級条件はまちまちです。そのスクールはキックを重要視するため、「絶対にこの形で◯ｍ泳げなければ合格させない」という方針なのかもしれません。

　しかし、長時間キック練習をやり続けたお子さんは、その後の進級スピードがとても早いことが多く感じます。キックで水を捉える能力が高くなり、身体を支える体幹もしっかりと育まれるため、ストローク練習に入ったときの推進力がとても高いです。

　推進力があれば沈むこともありませんから、習得に時間がかかりやすい「クロールの息継ぎ」や「背泳ぎのキック」「バタフライキック」などもあっさりクリアしていきます。コーチの間でも「あの子はバタ足で苦労した子だから」という話を聞くと、その進級スピードに納得します。

　逆に、バタ足をあっさりクリアした子が、後々の段階で苦労することもあり、それはまたコーチたちの間で反省材料になることもあります。

　ですから、バタ足で苦労しているお子さんはセンスがないのではなく、将来がとても楽しみなのです。本人も、保護者の方々も、もう少しだけ我慢してここを乗り越えましょう。

　私たちコーチは、あの手この手で良いキックができるように工夫を凝らした練習方法を提供していきますので、一緒に頑張りましょう！

腕相撲で泳ごう

　たとえば腕相撲をするとき、「レディー」で自分の顔の前でこぶしを合わせて、勝ったときは胸の正面にこぶしがありませんか？　そして、腕相撲の間はずっとヒジを曲げていると思います。また、プールサイドに上がる時もヒジを曲げて身体を押し上げていますよね？

　このどちらのときも、一番力が発揮できるヒジの角度調整を自然とおこなっているのです。

　これがたとえば、プールから上がるときにヒジを曲げすぎていたり、腕相撲でヒジをあまり曲げずにこぶしの位置が身体から遠かったりしていたら力が入りにくいことがわかると思います。

　自分にとって一番力を入れやすいヒジの角度、つまり身体と手の位置を泳ぎながら探ってみると良いですよ。

首だけでは泳げない

　人の顔は、真横の90度以上は後ろを向けませんよね。それ以上、うしろを見ようとしたら、首だけじゃなくて身体もひねる必要があります。

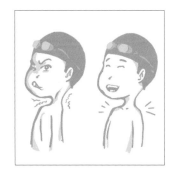

　泳ぐとき、基本姿勢では胸は床を向いています。この姿勢のまま横を向いても顔は水上に出てきませんので呼吸はできません。

　なので、呼吸をするためには上半身をひねる必要があります。これをぜひ理解しておきましょう。

第3章
背泳ぎのトリセツ

Q1 背泳ぎはどこから練習したらいいの？

A 仰向けで浮かぶことに 慣れていきましょう

魔 法 の 言 葉

「昼寝するラッコのように 浮かんでみよう」

ビート板を抱えて 仰向けに浮いてみよう

けのびやクロールは、床が見え状態だったので、すぐに立ち止まれる安心感がありました。しかし、背泳ぎでは、床が見えず、耳にも水が入り、予想できない波による水が顔にかかってしまいます。鼻に水が入ってくることもあり、人によっては大きな恐怖心が生まれます。まずは仰向けによって見える風景や、耳から後頭部にかけて水没している感覚に慣れていきましょう。

プールサイドのフチをつかみ、後頭部を水面につけ、壁に足をくっつける

慣れてきたら、両耳を水中に入れ、水の中の音を聞いてみよう

やってみよう！

Let's Try! 1

ビート板を抱えてスタート

片手でビート板の中央を押さえ、もう片方の手で壁のフチをつかみ、両足を壁にくっつけます（写真1）。手をパッと離し、壁をそっと蹴ってやさしくスタートします（写真2）。すぐに両手でビート板を押さえます。このときの手のひらは、おへその位置にあることが大事です。写真3のように胸の位置にビート板があると腰が沈んでしまいます。

Let's Try! 2

どこまで行けるかな？

元気に頑張るキックはせず、昼寝をするラッコのようにゆらゆらとキックして進んでみましょう（写真1）。止まるときはビート板を離し、口を閉じて「ん～」と鼻から息を吐きながら腰を曲げて沈めてあごを引き、ヒザをおなかに引き寄せれば、その場で立てますよ（写真2）。

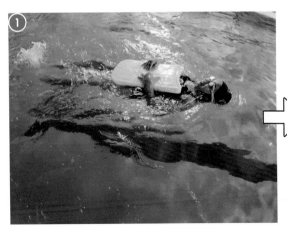

Q2　沈まない背泳ぎのキックはどうやるの？

A　腰かけキックで足の形と水の感覚を観察しましょう

魔法の言葉

「ちょこまか蹴り上げて」

足の形と動きを目で見て確認しよう

　プールサイドに腰かけて、脚全体をプールに投げ出します。足の先を「ハ」の字型にしてキックを始めてください。このとき、足が水面から出ないようにしましょう。ヒザを曲げすぎないことも大事なポイントです。このとき、しっかりと足の形や動きを目で見て確認しておくこと。アップキックによって水面に出ているのは、水しぶきや泡ではなく、ポコッと盛り上がった水であるようにキックしてみてください。

ポコッ

チェックしてみよう！

Check! 1

ビート板を使って腰かけキック

保護者の方がサポートできるなら、足の上下にビート板を持ってあげて練習してみましょう。上の板にはつま先が当たるように蹴り上げて、下（水中）の板にはかかとが『触れないように』します。これがアップキックです。

Check! 2　　小の字キック

アップキックの感覚がわかったら、仰向けになって少し手を広げて身体を「小の字」にします。これでアップキックを練習してみます。手の力は抜かず、胸、お腹、腰が一直線になるようにすることが大事なポイントです。

Check! 3　　足の甲に手をおいて練習

もし足が出すぎて水しぶきが立つようなキックになっていたら、保護者の方は手を水面に置いてあげて、その手につま先が触れるキックの動きを思い出させてあげてください。腰かけキックに戻ってもOKですよ。

Check! 4

キック幅は小さくする

キックの幅が大きいと、下から持ち上げる水の量が多くなり沈み安くなります。幅を小さく、細かくキックすることで浮いて進むキックになるのです。まずは短い距離からスタートして、沈まない成功体験をしていきましょう。

Q3 キックの練習のとき、顔に水がかぶって鼻に入ってきます

A 4つの理由があります。確認してみましょう

魔法の言葉

「サーフボードになろう」

自分の身体が一枚の板になったつもりで

背泳ぎで顔に水がかぶる原因は4つあります。ポイントは顔の位置と見ている景色です。水をかぶりたくないからといって頭を持ち上げるようにしてしまうと、実は逆に身体が沈み顔に水がかぶってしまいます。そこで、頭はほとんど沈めてしまいましょう。耳まで沈めると身体はまっすぐになり、顔が安定して浮いてきます。自分が一枚の板になったようなつもりで、この状態でそっとキック練習をしてみましょう。

Check! 1 頭は耳まで水中に沈める

60

チェックしてみよう！

NG **NG**

Check! 2

アゴを引いて首のうしろを
まっすぐに

あごが上がっていたり、自分のキックを見るようにして頭を持ち上げていませんか？　このどちらも身体を沈める原因になり水がかぶりやすくなります。首のうしろをまっすぐにするようにあごを引くと安定します。

①  ②

Check! 3

鼻から吐いて口で吸う

鼻だけで呼吸をしていたり、口を開けっ放しで呼吸していると小さな波が鼻や口に入ってきます。鼻から息を吐くことで水の浸入を防ぎ、口からパッと素早く息を吸うことで水が入ってきにくくすることが大切です。

NG

Check! 4

指先を水中で下を向けない

グライドキックをしたとき、指先が下を向いていると身体が沈んでしまいます。自分がサーフボードになったような感じで、指が水面からちょっとだけ出るイメージで手の甲を少し持ち上げるとよい姿勢を保てます。

Q4 どうやって水をかくの？見えないから動きがわかりません

A 肩の横の水中をかきましょう

「バンザーイ、からのＴ！
からの気をつけ!」

背中ではなく横を意識する

クロールは自分の身体の真下をかきます。背泳ぎはその逆だから、背中側をかけばよい！　というのは間違い。これは肩の関節にとって無理な方向に腕を伸ばすことになり、沈んだり進まなかったりする原因になります。ポイントは、肩の横をかくこと。そうすると身体は水面近くで浮いたままの状態で水をかくことができ、たくさん進む泳ぎにつながります。

チェックしてみよう！

Check! 1

背中側はかかない

写真のように腕が背中側にいってしまうと、沈むだけではなく肩も痛めてしまう可能性も出てきてしまいます。下ではなく、横をかく。この意識を持つことが背泳ぎではとても大切です。

NG

やってみよう！

Let's Try! 1　両手背泳ぎで横をかく

気をつけキックからスタートして、両手を同時に前に持っていってバンザイの状態にします。そこから肩の真横をかいて気をつけの姿勢に戻ります。この両手背泳ぎドリルをやると、肩の横をかく動きが覚えられます。

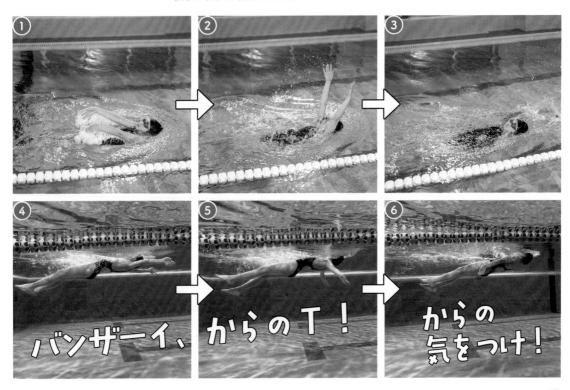

バンザーイ、からのT！からの気をつけ！

Q5 肩の柔軟性がないと キレイな背泳ぎはできないのですか？

A 肩は頑張らず、 胸の小さな回転を利用しましょう

魔法の言葉

「2 時と 10 時を、奥に押し込もう」

Let's Try! 1 伸び伸び片手気をつけ背泳ぎ

かたくても 十分にしなやかな 背泳ぎはできる

もちろん柔軟性はあるにこしたことはありませんが、なくても十分にしなやかで伸び伸びとした泳ぎはできます。そのポイントとなる肩の動きを覚えられる、伸び伸び片手気をつけ背泳ぎという練習法を紹介します。気をつけの姿勢から、片方の腕だけで泳ぐ練習法です。ここで覚えるのは、身体の回転（ローリング）。ローリングを使えば、たとえ肩関節がかたくても、しなやかで伸びのある泳ぎができるようになりますよ。

やってみよう！

Let' s Try! 2

入水したら肩を ちょっと沈める

入水すると同時に、肩を沈めましょう。すると、反対の気をつけしている側の肩が自然と持ち上がって身体がローリングするのです。そのまま肩の横の水をかけばOK。水をとらえるとき、中指、薬指、小指の3本の指で水を引っかける意識を持つとさらによくなります。

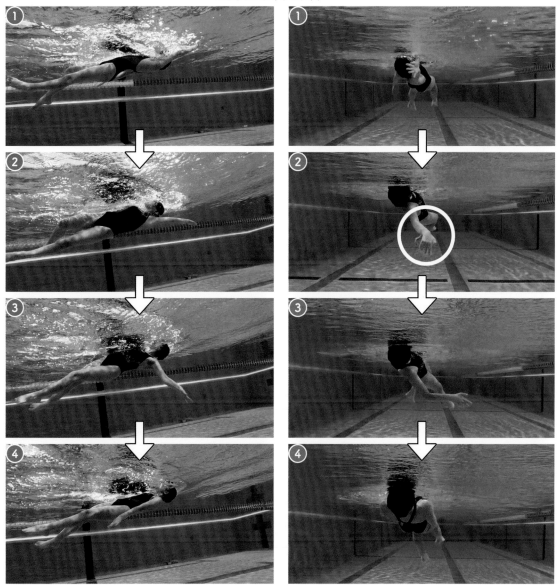

Q6 手を入れ替えるタイミングがわかりません

A かき終えた手をすぐに上げましょう

「かいたら、上げる〜。かいたら、上げる〜」

気をつけの状態は
なるべくなくす

　手で水をかき終えたところ（フィニッシュ）で止まってしまうと、背泳ぎは泳ぎのタイミングがずれてしまいます。大切なコツは、フィニッシュで止まらないことです。かき終えたら、すぐに手を抜き上げて前に戻していきましょう（リカバリー）。最初は余裕を持った状態で、かき終えたらすぐに手を上に上げる動きをドリル練習で習得していきましょう。これができるようになると、一気に背泳ぎは安定して泳げるようになります。

やってみよう！

6カウント
片手背泳ぎ

気をつけキックからスタートしてから、「1」のカウントで片方の手を上に上げた状態で
カウント「2-5」までキープ（写真3）。「6」で反対の手を持ち上げると同時に前に伸ばし
ている手で水をかいて、一気に左右を入れ替える。この感覚を大事にしてください。

❶ スタート

❷ カウント「1」

❸ カウント「2-5」までキープ

❹ カウント「6」で左右を入れ替える

Q7 泳げるようになったけど鼻に水が入ります

A 手が入るタイミングで鼻から息を吐きましょう

魔法の言葉

「んーパッ、んーパッ」

身体が浮いたときに「パッ」と吸おう

背泳ぎは、顔が水面から出て、そのすぐそばに腕が入水するので、どうしても自分で作った水しぶきが顔にかかります。

また、腕を入水させるときの勢いで頭も水没しがちになるので、顔が沈むこともあります。このときに口があいていたり呼吸が止まっていたら、必ず口や鼻に水が入ってきます。

写真上の手が入水するタイミングで「んー」と鼻から息を吐き、写真下の反対の手が頭の真上を通過するときに「パッ」と息を吸いましょう。

慣れてくると、どちらか沈みがちな片手が入水するときに「んー」と吐き、その手が水をかくときに反動で身体が浮いてきます。そのタイミングで「パッ」と吸うことができるようになります

Q8 『両手上げキック練習』がつらいです

A ラクなバンザイの姿勢から始めましょう

魔法の言葉

「バンザイじゃなく、『降参（こうさん）』で」

最初はヒジが曲がっていても OK

　最初からまっすぐにピンと伸びた姿勢を作ろうと考えなくても問題ありません。特に小学低学年までは腕の長さに対して頭が大きいので、どうしても不自然になりがち。なので、最初はヒジは曲がっても良いので、ラクなバンザイ姿勢（写真左）で練習しましょう。

　小学高学年になればヒジは伸ばして、手が時計の 2 時と 10 時を指すくらいの幅でバンザイ（写真中）をすれば OK。慣れてきたら、手を 1 時と 11 時くらい（写真右）にしていけば OK です。

こうなれば背泳ぎは OK ！

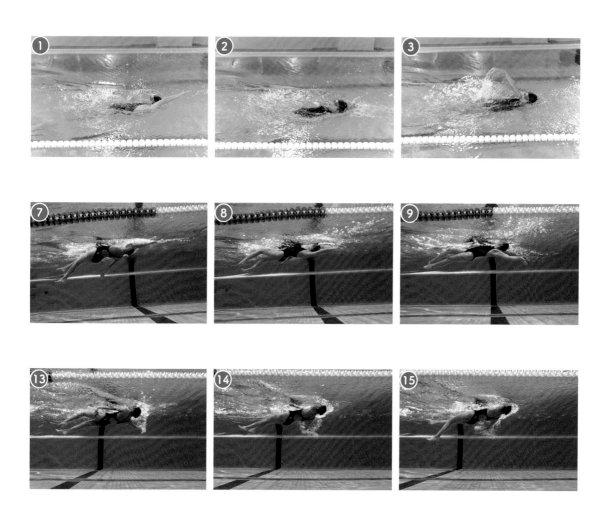

チェックしてみよう！

背泳ぎはあせらないことが大事です。顔に水がかかったからといって、あわてて頭を持ち上げるとさらに沈んで水をかぶる……という悪循環になってしまいます。まずは仰向けの姿勢で、気をつけの状態で浮いて小さくアップキックを打ってみます。そうすれば、自然とラクに受けるようになるので気持ちにも余裕が生まれ、顔に水がかかったくらいでは動じなくなります。あとは手をかく位置、入水は小指を入れるなど、細かいところもお手本の泳ぎと比べていきましょう。

COLUMN02

まっすぐ泳ぐコツ

　背泳ぎでまっすぐ泳ぐコツは、泳いでいる最中に、天井にある線や模様、電灯など何でもよいので、目印になるものを見ながら泳ぐことです。自分の横にあるレーンロープや壁から離れない（または近づき過ぎない）ように注意するのも、まっすぐ泳ぐのに役立ちます。

壁の激突を防ぐごう

　背泳ぎのタッチやターンでは、本当に壁に到達するまで壁を見ることができませんので、壁に手をつくタイミングやターンを開始するタイミングは目で確認できません。壁が頭に衝突するのは、ぜひとも避けたいところですよね。

　そこで、多くのプールには5mフラッグという目印となる旗が、壁から5mのところに設置されていますので、そこから何回、腕を回したら壁に到着するのかを知っておくと良いでしょう。その人の身体の大きさや泳力、また泳いできた疲労具合によってもその回数は変動します。自分に合った回数を練習のときから探してみましょう。

　もしフラッグがないプールの場合は、5m地点や壁近くの天井に何か目印になるようなものがあれば、それを目安にすると良いでしょう。

第4章
平泳ぎのトリセツ

Q1 キックが難しいです。コツはありますか？

A とても単純なはさみキックから やってみましょう

魔法の言葉

「ごめんねー。 いままでやってきたこと （クロールや背泳ぎ）と逆のことを言います」

簡単な動きでキックの動きを学ぶ

いままでクロールや背泳ぎのキックを練習していたとき、さんざん「足首を伸ばしましょう、足の甲で水をとらえましょう」と言われながら練習してきました。それが平泳ぎになった途端に、急に「足首を曲げて、足の甲で水を蹴らない」と真逆のことを言われてしまうのが、平泳ぎなのです。足首の屈曲や足の伸展、開閉が混在した複雑な動きである平泳ぎのキック。その動きを覚えるには、単純な動作から始めてみるのが一番です。

やってみよう！

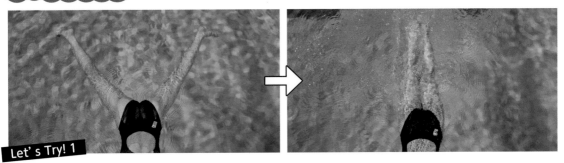

Let's Try! 1

脚の開閉だけ
おこなうはさみキック

脚全体で水を挟むことで進む感覚を得られるのが、脚を閉じて開くだけのはさみキックです。ゆっくり水中でおこないましょう。脚を閉じるときにスッと前に少し進む感覚があることを感じ取りながらおこなってください。

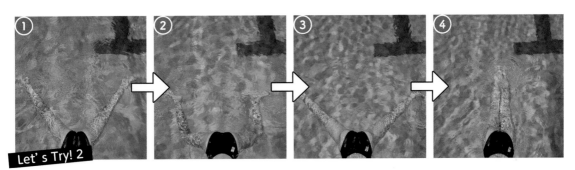

Let's Try! 2

ヒザの曲げ伸ばしを
プラスしたはさみキック

はさみキックにヒザの曲げ伸ばしをプラスして、もう少し平泳ぎのキックに近づけたのがこの練習法です。ヒザを伸ばしたまま開き、ヒザを曲げて、伸ばしたら、閉じる。足の裏で水を捉えて押す感覚もここで覚えましょう。

Let's Try! 3

はさみキックの動きを
つなげて平泳ぎに

脚を開きながらゆっくりとヒザを曲げます。そのあと、ヒザをゆっくり伸ばしながら閉じるのです。Let's Try! 1で紹介した動きを滑らかにおこなうと、平泳ぎのキックになります。足の裏で水を蹴られないときは、前に戻って練習してみてくださいね。

Q2 キックはどうやって動いているの？

A 「スッ」と引きつけて「チャカ」っと足首を返して「ドーン」と蹴ります

魔法の言葉

「スッ、チャカ、ドーン」

リズムを口に出して脚を動してみる

Q1で紹介した練習方法で、平泳ぎのキックの動きがわかったと思います。では、もっと進むキックをするにはどうしたらいいのでしょうか。ポイントは、動きにメリハリをつけることです。ただゆっくり、ただ速く動かすだけでは進みません。足を引きつける動きは滑らかにゆっくりスッと動かし、チャっと足首を返したら、ここから勢いよく、力強くドーンと蹴り出します。特に蹴り出す「ドーン」を力強くすることが大事です。

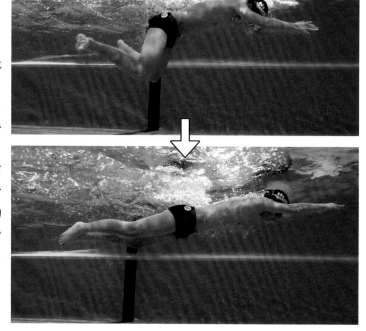

やってみよう！

「スッ」「チャカ」「ドーン」で
メリハリをつける

両脚が揃ってまっすぐ伸びたところから「スッ」とやさしく足を
引きつけます（写真①、②）。決して「グイッ」ではありません。
「チャカ」っと足首を返したら（写真③）、一気に「ドーン」と水
を蹴ります（写真④、⑤）。ドーンと蹴ったあとは、身体が前に
「スーッ」と進んで行く感じを感じてくださいね。

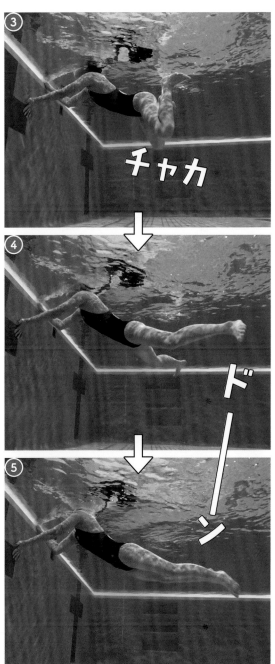

Q3 キックで進んでいる気がしません

A 進まない4つの理由があります。確認してみましょう

「お尻の後ろにある大きな水を
脚全体を使って押し蹴るよ」

細かい部分を見返せば進むキックになる

足の裏で水をとらえている感覚もあるし、脚の内側で水を挟んでいる感覚もある。でも進んでいる感じだけがしない。そういうときは、足が水に当たっているだけで、推進力になるように水を押せていないことがほとんどです。4つのポイントをチェックしてみると、自分がどれだけ水を逃がしていたかがよくわかります。4つの理由をチェックして、しっかりと水を押して、推進力を生み出すキックを習得していきましょう。

チェックしてみよう！

Check! 1

NG

かかととお尻の
高さは同じ

引きつけたとき、かかとが水面から出ていませんか？　反対にお尻よりも低くなっていませんか？
かかととお尻の高さを同じにすることが、進むキックをする大事なポイントです。

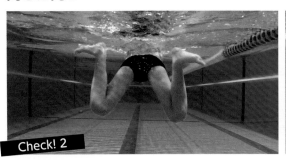

Check! 2

NG

足の指は外側に
向ける

足の指が後ろを向いているとあおり足になって、足の甲で水を蹴ってしまいます。これでは平泳ぎ
のキックとしては進みません。引きつけたら、足の指は「チャカ」っと外側に向けましょう。

Check! 3 **つま先は蹴り終わりまで**
伸ばさない

つま先が蹴り終わる前に伸びてしまうと突き刺すようなキックに
なり、水を後ろに押せません。写真のように、ヒザが伸びるとこ
ろまでは足首は返したままにしておきましょう。

Check! 4 **キックが終わったら**
まっすぐ伸びる

平泳ぎのキックは両脚で水を挟み終えた後に推進力が生まれます
ので、両脚を揃えたら2、3秒は伸びる時間を作りましょう。

Q4 足を引きつけると進みが止まりますし、沈みます

A 頑張って引きつけようとせず、力を抜いてやさしく脚全体を縮めるようにしましょう

「ためしに強く速く引きつけてみよう。
うしろに進めるかもしれないよ」

引きつけたときに止まる4つの理由

　足を引きつける動作は、もともと進む方向と反対方向に足を動かすのでブレーキがかかります。そのブレーキを最小限にすることが大切です。止まる理由は4つ。①引きつけるときに「グイッ」と力任せで速く動かしてしまっていること。②お尻より上にかかとが出てしまうこと、③お尻の下にヒザが来ること、④そして脚を開きながら引きつけてしまっていることです。これらをやめれば、小さなブレーキですむ泳ぎになりますよ。

チェックしてみよう！

スッ

NG グイッ

Check! 1
やさしく引きつける

水の抵抗を感じないように、やさしくゆっくり引きつけましょう。かかとを速く動かすと、ブレーキの力がとても強くなってしまいます。やさしく「スッ」っとかかとをお尻に近づけましょう。

NG

Check! 2
お尻とかかとの
高さを合わせる

お尻より高い位置にかかとがあると、足が水面から出て泡を蹴ってしまったり、腰が反って姿勢が悪くなり水の抵抗が大きくなってしまったりします。かかとは水面近くを滑らせるようにして引きつけると良いでしょう。

NG

Check! 3
ヒザはお尻よりも
うしろにあること

ヒザがお腹の下に来るように、丸まるような感じで足を引きつけてしまうと大きな抵抗が生まれて止まってしまいます。引きつけるときは股関節を曲げるのではなく、ヒザを曲げるのがポイントです。

Check! 4
引きつけるときは
脚を開かない

ヒザを水底に落とすようにゆっくり引きつけましょう。開きながら足を引きつけると大きな水の抵抗を脚全体で受けてしまいます。身体の横幅の中で引きつけて抵抗を小さくしましょう。

Q5 進むキックを習得できる 練習方法を教えてください

A しっかりと進む感覚を感じとろう

進むキックの習得でいちばん大事にしたいのは、キックしたあとに進む感覚を体感することです。蹴り終わり、脚を揃えたところでぐーんと進んで行くのが平泳ぎのキックです。しっかり伸びることを大事にしながら、これから紹介する4つの練習方法を試してみてください。どれも一人でできるのと、ビート板を使う練習もあるのでラクに安定した姿勢でおこなうことができます。これまで紹介したキックのコツを大事に練習してみましょう。

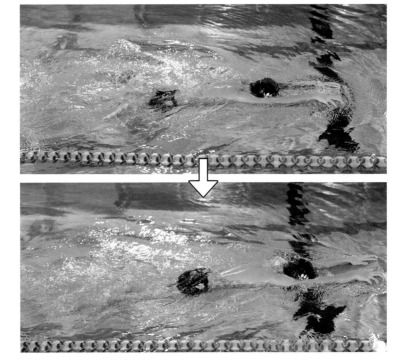

やってみよう！

Let's Try! 1

顔つけビート板キック

ビート板の上に手を乗せて、顔だけ水につけて平泳ぎのキックをします。呼吸はキックの直後に頭だけ小さく動かしておこないます。沈むのが嫌なら、途中でバタ足を入れても OK です。安定した姿勢で進む感覚を体感できます。

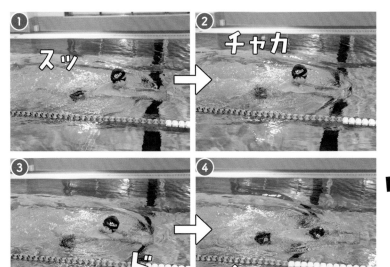

スッ

チャカ

ドーン

グライド板キック

「スッ」「チャカ」の引きつけるときに呼吸してから、体重をビート板に預ける感じで斜め前方に沈めて「ドーン」と蹴ります。キックで伸びて進む感覚、コンビネーションの息継ぎのタイミングの練習にもなっていますよ。

Let's Try! 3

気をつけキック

両手を腰の横に置いて、足を引きつけたときにかかと、足首、アキレス腱、くるぶしを手で触ります。お尻の高さで足を引きつけてくると、これらの部位に触ることができます。

Let's Try! 4

気をつけキック + 脚確認

頭を沈めて後ろを見ながら気をつけキックをします。脚の動きを自分の目で確認する練習方法です。ヒザの幅が自分の頭くらいかどうか確認しながらやってみましょう。

Q6 バタ足しているよって注意されます

A 毎回キックのあと、両ヒザ、両脚を揃えるように意識してみましょう

左右同じ動作をしよう

　足を引きつけるとき、蹴り出す瞬間、蹴ったあと。平泳ぎのキックのそれぞれの局面で、脚の高さが左右でずれていませんか？　平泳ぎでは、身体の左右で同じ動かし方をしなければなりません。長く、速く、格好良く泳ぐにも、左右対称かどうかは重要になってきます。そこで、キックのあとに両ヒザ、両脚を毎回しっかり揃えられるよう、次の練習をやってみましょう。

バタ足しているよ！

やってみよう！

バタバタ

Let's Try! 1

手を添えてみる

保護者（補助者）が横に立ち、キック後の足下に手を置きます。バタ足をしていると、その手に「バタバタ」と当たるはず。ここで初めて本人が「あ、やってる！」と気づきます。

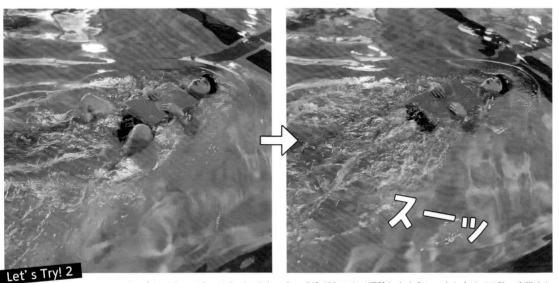

スーッ

Let's Try! 2

あお向けキック

あお向けになってキックしてみましょう。背泳ぎキックで経験したように、あお向けでは強い意識をしないとバタ足はできないものです。ここでは、バタ足をしなくても良く、キック後に脚を揃えることで、気持ちよく「スーッ」と進める経験をさせてみましょう。

Q7 平泳ぎの腕の動きってどうなってるの？

A 3つの動作が組み合わさって成り立っています

魔法の言葉

「全力のお墓参り」

キャッチとプル、リカバリーの動きをチェック

　平泳ぎの腕の動きは、前方の水をとらえる「キャッチ」と、その水を身体に引き寄せる動きの「プル」。そして引き寄せた後に、前方に腕を伸ばす「リカバリー」の3つの動きが合わさってできています。それぞれで大事なポイントがありますので、キャッチ、プル、リカバリーのそれぞれの局面で、細かく動作をチェックしてみましょう。細かく動きを理解できれば、あとはそれらをつなげて泳ぐだけです。

チェックしてみよう！

Check! 1

V 字と Y 字を使うキャッチ

両腕を伸ばしたとき、親指を下にして手を正面から見たときに V の字になるようにしましょう。そこから身体を下から見たときに Y の字になるように腕を横に開きましょう。手が視界から消えると開きすぎなので気をつけて。

全力の
お墓参り！

Check! 2

「全力のお墓参り！」のプル

手の平と前腕でとらえた水を一気に胸の前に集めましょう。そのときの腕の形が「強烈な！いただきます」や「全力のお墓参り」の形になります。ただし、合わせた手の指は上ではなく前を向けてください。このときに前方を見て息継ぎをしましょう。

Check! 3

伸びるリカバリー

「いただきます」「全力のお墓参り！」の状態から、あごの下で親指同士を絡めて両腕を前方に突き出します。こうしておくと腕が伸びきったときに腕同士が離れないで、まっすぐの姿勢が作れます。頭は両腕の間にできる三角のところに乗せましょう。

Q8 息継ぎのタイミングがわかりません。練習方法を教えてください

A 泳ぐ目的によってタイミングが変わりますので、使い分けましょう

魔法の言葉

「ゆっくり泳ぎたいときは早めに。
速く泳ぎたいときは遅めに」

ラクに泳ぐか速く泳ぐかでタイミングが違う

平泳ぎは、ラクに長く泳ぎたいのか、それとも選手のように速くかっこよく泳ぎたいのかによって、息継ぎのタイミングが違います。ラクに泳ぎたいなら、手を左右に開き始めると同時に頭を動かし始めましょう。そのほうが落ち着いて息継ぎができます。速く泳ぎたいときは、もう少し頭を上げるタイミングを遅らせて、水を胸に集めるプルのときに一気に頭を上げて素早く息を吸います。それぞれで使い分けるのが、平泳ぎをうまく泳ぐポイントです。

やってみよう！

Let's Try! 1　ラクに長く泳ぐときは 早めに頭を上げる

①両手を左右に開き始めると同時に頭を上げましょう。②プルのときに息を吸い、③リカバリーで頭を戻します。その後、伸びる時間を2、3秒作り、頭が水面にぷかりと浮いてきたら、また①に戻ります。

Let's Try! 2　速く泳ぐときは 少し遅らせる

まず両手を左右に広げてキャッチのあとに、①プルのタイミングで息を吸います。②このときあごを引いて前方を見ましょう。リカバリーで手を前に戻したら、③1、2秒だけ伸びる時間を作って、④また①のキャッチに戻りましょう。

Q9 息継ぎのタイミングがつかめる練習方法を教えて

A 3つの練習方法があります

魔法の言葉

「じっと待つ。 ひたすら待つ。
いつまで？ 頭が出てくるまで」

頭がぷかっと
浮いてきたら呼吸する

　速く泳ぐとき、ゆっくり泳ぐときで呼吸のタイミングが違うとお話しました。このどちらにも共通するのは、身体がしっかりと浮き上がるタイミングで頭を上げるということです。これから紹介する3つの息継ぎのタイミングがわかる練習法も、頭が浮上してから動作をおこなうのが大事なポイントになります。もう一つ大切なのは、あせって呼吸すると身体が沈みやすいので、練習は落ち着いておこないましょう。大丈夫、沈みませんよ。

やってみよう！

Let's Try! 1
立ち平泳ぎ

下半身が沈んだ状態でストロークと息継ぎをおこないましょう。キックは使いません。息継ぎのあと、腕を前方に伸ばしたら目線は斜め下方向でキープ。かなり沈みますが、5秒くらいじっと待つと必ず頭が浮き上がってきます。

Let's Try! 2
バタ足平泳ぎ

バタ足を打ち続けながら平泳ぎのストロークをします。バタ足は下半身を浮かせるだけに使うので、軽く動かす程度でOKです。下半身が沈まず、身体の上下動も少なくできるのでたくさんプルと息継ぎの練習ができます。

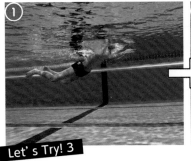  

Let's Try! 3
ドルフィンキック平泳ぎ

やる気のない幽霊バンザイの状態で浮いて、ストロークと息継ぎをおこないます。頭を上げたタイミングでヒザを軽く曲げて、腕を前に伸ばすと同時にドルフィンキックを打ちます。目線は斜め下を見て姿勢を保ちましょう。

こうなれば平泳ぎは OK！

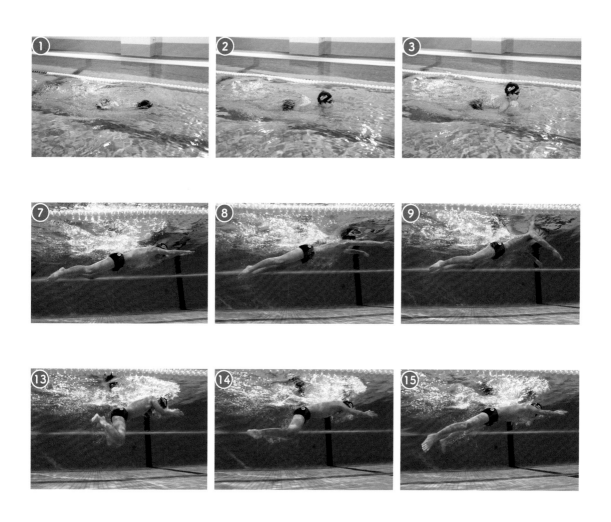

チェックしてみよう！

全体の動作を3つに分けるとわかりやすくなります。まずはキャッチ。両手を開くキャッチがひとつ目。次にプルと息継ぎ、そして足の引きつけ動作を一気におこないます。最後にリカバリーで腕を前方に出しつつ、キックを打ちます。リカバリーは短時間で、キックはもう少し長くおこないます。上半身がのび姿勢になったあとにキックが終わるようなイメージです。

第5章
バタフライのトリセツ

Q6 かき終えたあと、腕が曲がってしまいます
→ 108 へ

Q7 25m 泳ぐのが限界です。
それ以上泳げる気がしません
→ p110 へ

Q8 キックが進みません
→ p112 へ

Q9 肩がかたくて両腕が上がりません
→ p113 へ

こうなればバタフライは OK！
→ p114 へ

Q1 あんなに上半身が出る気がしません。どうなってるの？

A 浮力を最大限利用すれば、優雅に簡単に泳ぐことができます

魔法の言葉

「なんの力も使わずに
飛び出すビート板から学ぼう」

浮力をうまく使いこなそう

バタフライは、決して力で身体を浮き上がらせているわけではありません。ビート板を使うと、バタフライがよくわかります。このビート板は、自分で動くことはできませんし、進むためのエンジンもスクリューもついていません。そんなビート板を水中に沈め、斜めにして手を離すと、勢いよく水面に飛び出します。バタフライはこれと同じなのです。つまり、バタフライをうまく泳げる人は、浮力を最大限利用して泳いでいるのです。

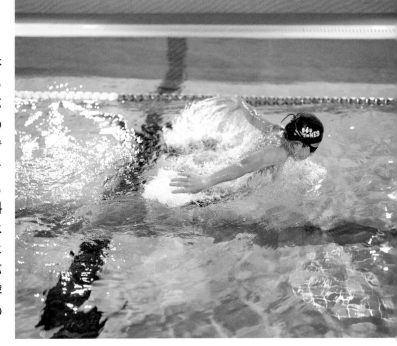

チェックしてみよう！

Check! 1 うねりを使えば
浮力が使える

ビート板を実際に斜めに沈めて手を離してみましょう。これと同じことを身体でおこなうのです。斜め前方に潜る、身体を反らす、斜め前方に浮上する。この動きを「うねり」と言います。これがバタフライのポイントです。

うねりをビート板で表現（水中）

 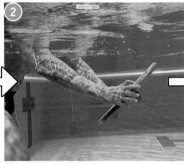 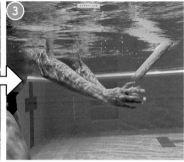

うねりをビート板で表現（水上）

ビート板と同じ動きをする

 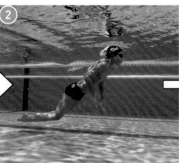 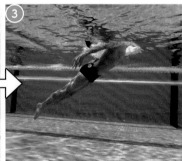

うねりを使って身体を反らせると
ビート板が飛び出すかのように……

身体の浮力を使って身体を浮き上がらせる
ことができます

Q2 うねりのやり方がよくわかりません

A イメージしやすい2つの方法をご紹介します

魔法の言葉

「謝って、 いばって、 また謝って」

頭の動作だけで
うねりは作れる

　陸上で気をつけの姿勢から「すみません」と頭を下げて謝ったあと、「え?」と顔を上げて相手を見上げましょう。そのまま胸を張って「えっへん」と威張りますが、またお辞儀をする。実は、これがうねりの動きなのです。それを水中でやってみましょう。また、紐が一定間隔で張られているイメージするのもオススメ。1本目をくぐったら、次は紐を上から乗り越えてまた下からくぐる……を繰り返す。これがうねりです。

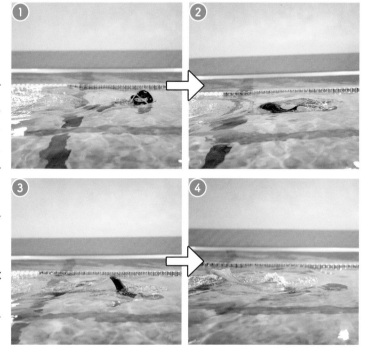

やってみよう！

Let's Try! 1

鼻先で○を描く

立った状態で、横から見て鼻先で反時計回りに○を描きます。鼻を下に向けて前に突き出す。上を向いて、また元に戻る。うねりは頭の動きが大切なので、この鼻で○を描く動きを覚えておきましょう。

Let's Try! 2

水中でうねってみる

うまくうねれない人は、前だけをずっと見ていることが多いので、目線に注意してください。腕を下ろし、キックを使わず頭の動きだけでうねり、それだけで前に進んで行く感覚を体験してみましょう。

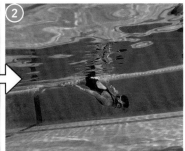

第2キックのよい練習法はありますか？

A 下半身の沈みからの浮上を体感しましょう

 魔法の言葉

「これができると、
一気に人魚感がでてきます」

第2キックは身体を浮き上がらせるときのキック

バタフライには第1キックと第2キックと、1回手をかく間に2回キックを打つタイミングがあります。うねりの動作で言えば、第1キックは沈むときに打つキックで、第2キックは身体が浮き上がるときに使うキックです。うねりによって身体が斜め前に向けて浮き上がるタイミングに合わせて第2キックを打つと、とてもスムーズに身体が浮き上がり、ぐーんと前に進むことができます。うねりの中で練習してみましょう。

やってみよう！

Let's Try! 1

うねりに合わせてキック

うねりによって身体が沈んだ状態から、あごを上げて身体が浮き上がっていくのに合わせて打つキック（写真①、②）が第2キック。あごを引いて再び沈むときに使うキック（写真③〜⑤）が第1キックになります。

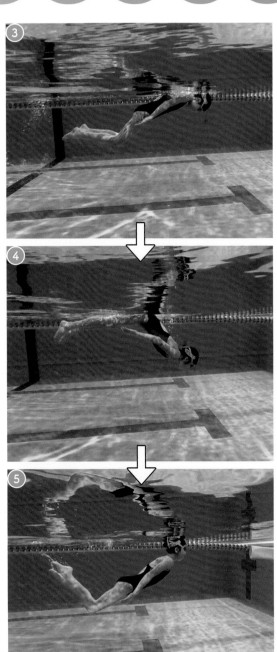

Q4 水中ではどのように水をかいているのですか？

A まずはYの字を書きましょう

魔法の言葉

「しいたけをイメージ」

うねりに合わせて Y字に手を動かす

両腕が2時と10時のあたりに入水したら、頭のうねりに合わせて手のひらもうねらせます。うねりの上昇に合わせて指先をできるだけ遠くに伸ばし、胸を張り、目線の先に上昇していく指先を見るようにしましょう。手のひらで水を押さえ、その水を胸の下に運び、身体の下を通して腰の横でかき終えます。手の軌道がYの字になるように動かすのがポイントです。陸上で軌道を確認してから練習していきましょう。

チェックしてみよう！

Ｙの字を陸上でイメージしてみよう

手を2時、10時のあたりに伸ばしてバンザイの状態を作ります。ここが入水です。そこから水をキャッチして胸のところに集めて、5時と7時のところに水を押し出します。手の軌道がＹ字になるように動かしましょう。

水中での動きをチェック

中上級者になると1時と11時くらいに入水します。そこから少し外側に手を動かしてから水を胸に運びます。Ｙ字に近いのですが、一度外に向けてかくので、しいたけをイメージするとよいかもしれません。

Q5 息継ぎのタイミングがわかりません

A かき終わるのと同時に頭を浮上させましょう

「まさかのここで!
なつかしのジャンプボビング！！」

ビート板が浮上するタイミングを思い出そう

　冒頭で説明した、ビート板が飛び出す仕組みを思い出してみましょう。もっとも飛び出す勢いがあるのは、水面に出ようとする瞬間です。ここにストローク最大のパワーを出せる瞬間を合わせ、さらにいつでも飛び出せる上半身の姿勢を準備しておけば、息継ぎは難なく自然におこなえます。これを泳がずに体感してみましょう。この練習で、呼吸のタイミング、ストロークの軌道、姿勢のすべてを確認することができますよ。

やってみよう！

Let's Try! 1　ジャンプ　ボビング

両手は 2 時と 10 時に置いて水中でしゃがみます。床を一気に蹴り、斜め前方に飛び出します。このとき胸を張りながら Y 字ストロークで一気にかきます。落下するまでの間に呼吸をしたら、ヒジを伸ばしたまま、また 2 時と 10 時の水面に両手を入水させましょう。

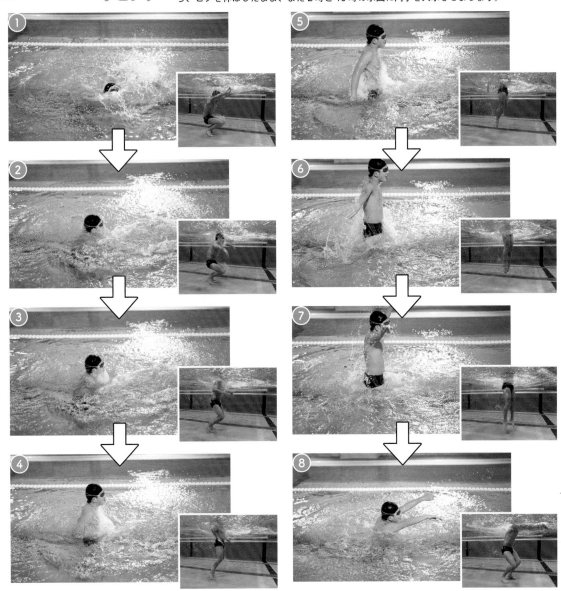

Q6 かき終えたあと、腕が曲がってしまいます

A 5つの原因が考えられます

「曲がるのが当たり前。
人はそうできているから」

うねりがないと
曲がりやすくなる

　腕が曲がってしまう原因はいくつかありますが、うねりができていないと曲がりやすくなります。また、手のひらの向き、ストロークが左右対称ではないことも、曲がる原因です。

　考えられる原因を5つ書き出してみましたので、それらを確認し、あてはまるものがあれば対処法を試してみてください。それでもうまくいかない場合は、また最初のうねりや、ジャンプボビングをやってみるのもオススメです。

チェックしてみよう！

Check! 1　身体が水平になっている

水面と同じ高さに頭、肩、腰、お尻があると、無理やり腕を持ち上げないとリカバリーできないので曲がりやすくなります。かき終わった瞬間は頭が一番高く、ヒザが一番低い位置になるように泳ぎましょう。

Check! 2　肩が水中にある

うねりがないと、かき終えたあとでも肩が水中に残ってしまい、水中でリカバリーすることになり腕が曲がりやすくなります。うねりによる浮力の利用と、鋭くかき終えて推進力を作るのがポイントです。

Check! 3　力が入らないかき方をしている

腕を伸ばしきって深いところをかいていませんか？　胸に水を集めてくるときに、身体の近くに水を引き寄せるようにすると力が入りやすくなり、強くかけるので高い推進力が得られるようになります。

Check! 4　手のひらが前を向いている

手のひらが前を向くとヒジが下を向くので曲がりやすくなります。リカバリーは親指を下に向け、手の甲が正面を向くようにするのがコツです。

Check! 5　ストロークが左右対称ではない

水中のかきが左右非対称だと力が入りにくく、推進力が得られず、その結果腕が曲がりやすくなります。対称に水をかくように練習してみましょう。

Q7 25m 泳ぐのが限界です。それ以上泳げる気がしません

A 超グライドバタフライを試してみてください。100m もすぐに泳げるようになります

「これ、 クロールよりラク!!
という回答多数」

大きくゆったりうねれば長く泳げる

すぐに疲れる理由は、たくさん腕を回してしまっていること。ゆっくり、のんびり、浮力を使って泳ぐ「超グライドバタフライ」を使えば、100m もあっという間に泳げるようになります。水底までもぐり、大きくゆったりとした動作でおこないます。もぐる力と浮力を最大限利用することで、苦しい思いをせずに永遠に泳げそうなバタフライができます。ポイントは、斜め上に一気に浮上するとき、しっかりヒザを曲げて大きな第2キックを打つことです。

やってみよう！

Let's Try! 1 超グライドバタフライを
やってみよう

①深いうねりでプールの底に向かいます。両手がプールの底についても
OK。②そこから身体を反らし、顔と伸ばした腕は斜め上の水面を向け
ましょう。③ヒザを大きく曲げ、腕のかきとキックを同時におこない、
④一気に水面に浮上。⑤呼吸をして、リカバリーをおこないましょう。

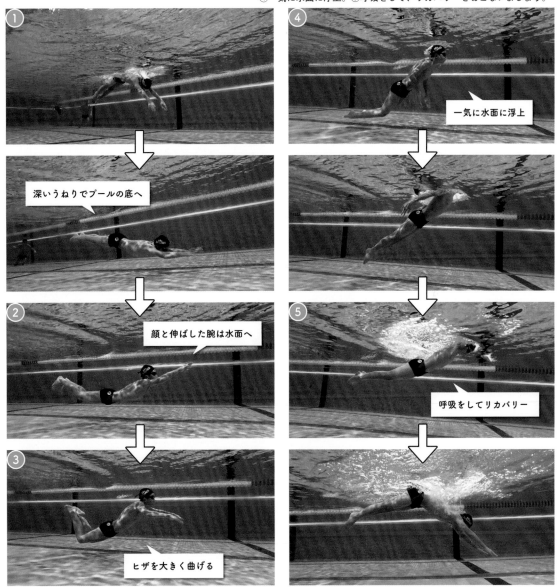

①

② 深いうねりでプールの底へ

② 顔と伸ばした腕は水面へ

③ ヒザを大きく曲げる

④ 一気に水面に浮上

⑤ 呼吸をしてリカバリー

Q8 キックが進みません

A そのキックは第2キックで使いましょう

魔法の言葉

「進まないキックは、浮かぶためのキック。
だから直さないでよし」

進む第1キックと
浮かせる第2キック

　進まないキックになっていると
き、ヒザが大きく曲がっていませ
んか？　それは下半身を浮かび上
がらせるために使えますので、第
2キックで活用しましょう。進む
キックは、第1キックで使います。
第1キックは脚の付け根付近にあ
る水をモモ、ヒザ、すね、足首へ
と運び、後方に押し出して推進力
を生み出します。これが進むキッ
クです。でも、それよりも現段階
では滑らかなうねりを習得して、
コンビネーションで進む泳ぎの習
得を優先しましょう。

Q9　肩がかたくて両腕が上がりません

A　片手バタフライで練習してみよう

魔法の言葉

陸上で横からバンザイができれば
バタフライは泳げます

タイミングをつかむのにとてもよい練習です

　手を前に持っていく動作（リカバリー）は、腕を上げるのではなく、身体の横を動かしています。陸上で気をつけの姿勢から横に大きく腕を広げながらバンザイをしてみましょう。これがバタフライのリカバリーです。水中で練習するときは、片手バタフライでやってみましょう。片手だとクロールのように身体を傾けられるので、腕を身体の横を通す感覚を練習できます。ストロークとキックのタイミングを覚える練習にも使えますよ。

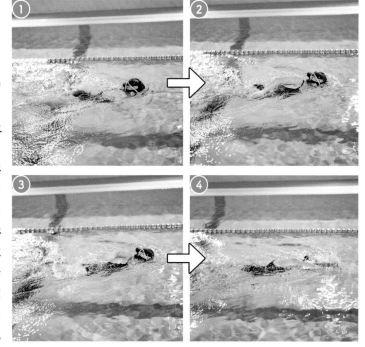

こうなればバタフライはOK！

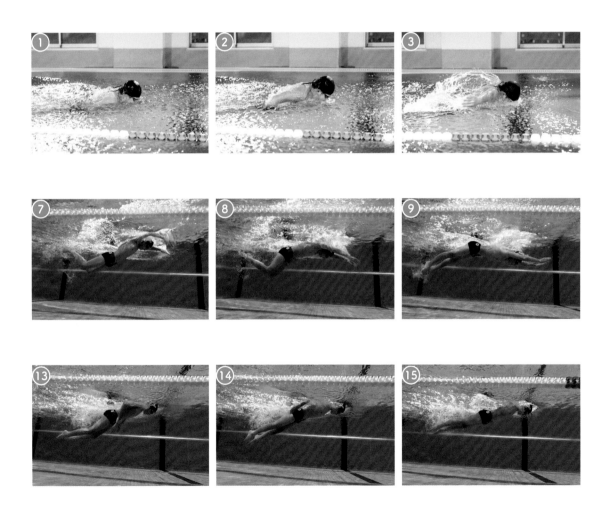

チェックしてみよう！

バタフライはあせらず、落ち着いてゆっくり大きなうねりを活用すれば、ラクに長く泳げるようになります。いままで紹介してきたポイントを振り返りながら、最初はゆっくり超グライドバタフライからスタートすると良いでしょう。そのうねりを少しずつ小さくしていけば、選手のようなかっこよいリズミカルなバタフライのできあがりです。

平泳ぎから生まれたバタフライ

　バタフライは、1928年のアムステルダムオリンピックで、ドイツの選手が平泳ぎに出場した際、手を水上に出してリカバリーする、いまのバタフライにとても近い形で泳ぎ、好成績を収めたことがきっかけに広まりました。アムステルダムオリンピック以降のオリンピックでは、ほとんどの選手がこの泳法を採用したことで、平泳ぎという泳ぎが絶滅しかけてしまいました。

　そこで、国際水泳連盟（WORLD AQUATICS）は1953年に、この平泳ぎから派生した元祖バタフライを独立した泳法として認定します。当時はまだキックは平泳ぎのキックで泳いでいました。

　その後、両脚を同時に上下に動かす、いまのドルフィンキックが考案され（日本人選手が考えました）、現在のバタフライの形になりました。つまり、バタフライと平泳ぎは親戚関係にあると言っても過言ではなく、実際に身体の使い方が非常に似ているところが多くあります。

　この平泳ぎと『似ているところ』を知っていれば、実はバタフライ習得はそれほど難しくないことがわかるのです。

　平泳ぎに似ているところは……
・腕や脚の動作が左右対称
・キャッチで手を広げたときの間隔
・息継ぎは前向き
・重心は腰付近にある
・両手が入水するときに重心が前に移動する
です。

つまり、バタフライが習得できると、平泳ぎももっと上達し、スピードアップすることができるのです。さらに手のかき（ストローク）にもメリハリが出て、クロールや背泳ぎのストロークにも良い影響が出てきます。

　平泳ぎよりも大きく滑らかな重心移動と、潜っていく力と浮力を利用し、両腕の長いストロークで水を押し、身体を持ち上げてドルフィンキックによって華麗に、そして豪快に泳ぐのがバタフライです。

「難しそう！」「疲れそう……」と、ネガティブな印象に諦めず、楽に簡単に泳げるバタフライを今回のトリセツで紹介しているので、ぜひ挑戦してみてくださいね！

COLUMN04

飛び込みは覚えなくたって水泳はたのしいよ！

ある日、小学生にラグビーを教えているコーチからこんな話を聞きました。
「『トライは飛び込むように行け！』って指導をしたら、子どもたちがポカーンとした顔で私に聞くんです『飛び込むってなんですか？』って。あー嘆かわしい！」

「嘆かわしい」で結構。
飛び込みは覚えなくても大丈夫です。逆にやろうとしないでください。
プールには足からゆっくり入り、周囲の安全を確認し、壁からスタートして泳ぎましょう。

なるほど、確かに私たちのふだんの生活には「飛び込む」という動作はありません。

２０００年を過ぎた頃から小中学校では水泳授業での飛び込み指導を積極的におこなっているという話を聞かなくなり、ついに２０１８年には文部科学省が、高校の水泳授業で原則禁止とする学習指導要項の案を発表しました。

もはや「飛び込み」という日本語は、水泳競技の場面でしたか使われていない専門用語になってきているのかもしれません。

なのに、こんなに教える場面や場所がなくなっている現在でも、残念ながらプールでの飛び込みにおける大小の事故がたくさん報告されています。

なぜか・・・
・指導者が適切な指導をしていない
・安全な水深のプールでおこなっていない
・必要な段階的練習を積んでいない
に尽きます。

このような条件はスイミングスクールにしかありません。
しかし、スクール運営をする私たちでさえ、必ず入水し、マンツーマンで身体を支え、細心の注意を払いながら、安全な飛び込み技術を徹底的に指導します。

つまり、文字や写真、動画にしたとしても１００％安全な方法は絶対に伝えることはできません。
そんな理由から、本書では飛び込みについては触れていません。競技大会に出てみたい方のみ、スイミングスクールで教わるようにしてください。

第6章
ターンのトリセツ

A　ターンの出口から練習すると、とても簡単なことに気づきます

魔法の言葉

「ターンには入り口と出口があるから、
　　　分けて考えてみよう」

片手スタートからはじめてみましょう

　まずは出口から練習すると、ターンが簡単なことに気づけます。顔を上げて、右手でプールサイドをつかみ、左手は進行方向に伸ばします。②右手をクロールのようにして前に動かして③左手に合わせたら壁を蹴ります。この動作を覚えれば、あとは手をついてからの動きを覚えるだけで、クロールと背泳ぎで使う片手タッチターンと、バタフライと平泳ぎで使う両手のタッチターンはすぐにできるようになります。

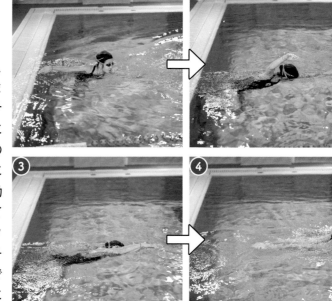

120

やってみよう！

Let's Try! 1　片手タッチターン

右腕を進行方向に伸ばし、左腕は体側につけて2、3m手前からキックで進みます。右手が壁についたらヒジを曲げて右の腰を壁に引き寄せます。同時にヒザを曲げて両脚を壁につけたら、あとは出口の練習通りでOKです。

Let's Try! 2　両手タッチターン

両手を伸ばした状態でキックで進み、両手が壁に付いたら左ヒジを身体に引き寄せます。横向きになったら息を吸い、左手と右手を後頭部に置きましょう。壁を蹴ると同時に腕を伸ばし、まっすぐな姿勢を作りましょう。

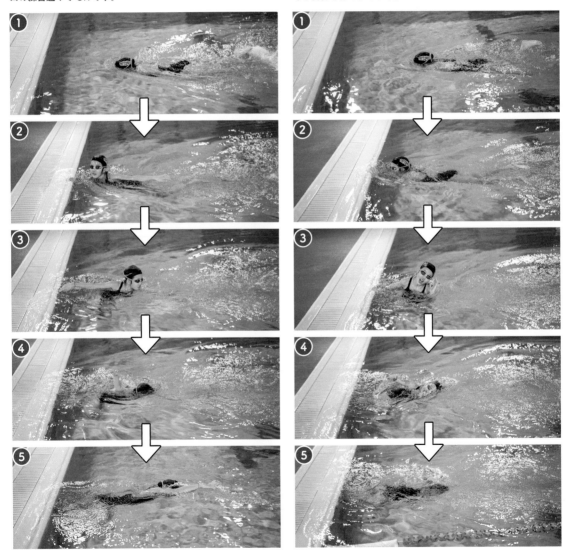

Q2 クイックターンを習得したい

A 水中前回りから練習しましょう

魔法の言葉

「回り終わりに左肩を見ると
下を向けるよ」

水の中で回る感覚を
身につけよう

クイックターンは、水中で回転する感覚を身につけてからチャレンジしてみましょう。両腕を後ろに振り上げます。手の平で水を上に持ち上げるようなイメージで腕を前に持っていくと同時にあごを引いて身体を丸めます。すると自然とクルッと回転できます。身体をできるだけ小さくするのと、回り終わって前が見えたらその場で立ちましょう。回るときは必ず口を閉じて鼻から息を出すことを忘れずに。鼻から水が入って地獄の苦しみを味わうことになりますよ。

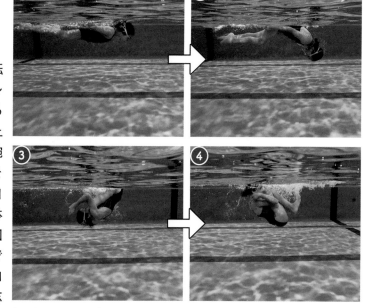

うまく回れない人は「顔が床を見ていないか」「背中がまっすぐになっていないか」「手で水を持ち上げているかどうか」「脚が伸びたままになっていないか」をチェックしてみましょう

やってみよう！

Let's Try! 1　**実際にチャレンジしてみよう**

ターン前に気をつけの姿勢になります。そこから、水中前回りのように手の平で水を頭の後ろに持っていくようにすると身体が回転します。あごを引き、おへそを見るようにして背中を丸めてヒザを曲げましょう。

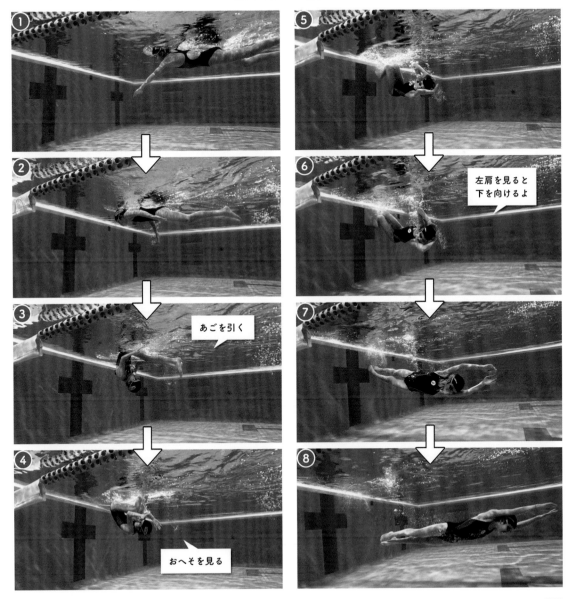

③ あごを引く

④ おへそを見る

⑥ 左肩を見ると下を向けるよ

こうなればターンは OK！

タッチターン

クイックターン

チェックしてみよう！

タッチターンもクイックターンも、大切なのはヒザをお腹に引き寄せて身体を小さくすることです。クイックターンは、そこに頭もおへそを見るようにして身体を丸めるのがポイント。また、目をつぶってしまうと自分がどこを向いているのかがわからなくてあせってしまいますから、回っている間もしっかり目を開いて周りを見ておくことも大事なコツです。

あとがき

私は・・・。

競泳選手、青年海外協力隊、水中パフォーマー、選手コーチ、スイミングスクール経営者・・・
さまざまな形で水泳に関わってきた 50 年間でしたが、いったい何千人の水泳を上達させ
てきたことでしょう。

子どもたちがプールで一瞬、見せてくれる「できた！」の表情に出会うたび、感動で鳥肌
が立ち、いまでは年齢からくるものなのか、涙があふれることさえあります。

もちろん失敗もあります。
「つまらない」「上手にならない」「速くならない」「こわい・・・」
こんな言葉を残し、やめていった生徒たちもたくさんいます。
眠れないうえに変な時間に起き、反省の時間を過ごした夜も数えきれません。

水泳の先生という仕事は、経歴や経験の濃淡に関係なく
このように何度も大きな喜びに出会え、何度も悔しい経験を繰り返し、
毎日、毎クラス、もっとよい方法があるんじゃないか？　もっとうまく伝えられないか？
と試行錯誤しながら、自分だけの「トリセツ」や「魔法の言葉」を持っているものです。

この本の著者は、「不破 央」となっていますが、

我が社の経験豊かなスイミングコーチスタッフたちが、

それぞれの水泳人生で出会った膨大なＱ＆Ａを出しあってもらい、

そのすべてを私のフィルターを通してギュッと凝縮したものでもあります。

なので、私自身も気づかされ、あらためて勉強になりました。

子どもは成長します。それに伴って泳ぎも成長します。

そのたびに感覚がずれたり、タイミングがわからなくなったり。

そんなときに開くのが「トリセツ」です。

「あれ？」と思ったときに役立てていただけたら、とてもうれしいです。

まず、子どもたちの安全を大事に考え、成長を楽しんでくれているスタッフのみんな。

指導の軸がブレないように、いつも見守ってくれるカズ先生。

そして、モデルで泳いでくれたトゥリトネス水泳部の愛する選手たち。

美しい写真と見やすいデザインで彩ってくださった小野口さん、伊藤さん。

わかりやすい文章にしてくださったライターの田坂さん、編集の柳澤さん。

みなさんのおかげで、この本が完成しました。

本当に、ほんとうに、ありがとうございます！

不破 央

必ずうまくなる!! 水泳
基本と練習法

※本書はコスミック出版刊「必ずうまくなる水泳 基本と練習法」
（発行日：2023 年 7 月 12 日）を再編集したものです。

2024 年 7 月 1 日　初版発行

著　者　　不破 央
編集人　　横田 祐輔
発行人　　杉原 葉子
発行所　　株式会社 電波社
　　　　　〒 154-0002　東京都世田谷区下馬 6-15-4
　　　　　代表　TEL：03-3418-4620
　　　　　　　　FAX：03-3421-7170

　　　　　振替口座 00130-8-76758
　　　　　URL:https://www.rc-tech.co.jp/

印刷・製本　　大日本印刷株式会社

Creative Staff
[構成] 田坂 友暁
[撮影] 小野口 健太
[協力] トゥリトネススイミング有明
[編集] 柳澤 壮人
[デザイン・DTP] 伊藤 清夏

[著者]
不破 央（ふわ・ひさし）
トゥリトネススイミング有明　代表

1968 年、静岡県富士市出身。元 100 メートル平泳ぎ日本記録保持者から「水の道化師」に転身。水中パフォーマンス集団「トゥリトネス」を立ち上げ、映画・ドラマ「ウォーターボーイズ」での水泳・シンクロ演技指導を手掛けた。現在は「トゥリトネス」代表取締役社長として、幼児から選手までの水泳教室を運営・指導している。著書に『水泳の指導法がわかる本』、『ドラえもん学習シリーズ水泳がみるみる上達する』（ともに小学館）。

【スタッフ】
佐藤 一浩／不破 さゆり／花本 一成／塚本 峻介／後藤 優子／清野 そのか／大畠 愛／松本 理香／竹本 大地／岩野 舞／田中 聡子／武田 夢／森村 七奈

【モデル】
山田 琉生／北原 彩吏／山口 あい／斎藤 林太郎／福田 旺成／福田 渚月／橋本 琉嘉

トゥリトネススイミング有明（東京都江東区）は、少人数制・泳力別でのクラス編成に力を入れ、子どもの泳力と個性に合わせた指導をおこなっています。
水泳レッスンクラス以外にも、
・シンクロ（アーティスティックスイミング）
・ダンススイミング（足の着くシンクロ入門）
・游游（幼児水なれ専門）
・育成／競泳選手
・ライフセービング
・プライベートレッスン
など多様なクラスも展開しています。
長期休みや休館日などを利用した短期集中教室や、水中パフォーマンスショーなどのイベントには、スクール会員以外の方のご来場、ご参加も大歓迎です。

くわしくは、www.tsa1998.com　まで。